スピーキングのためのやりなおし英文法スーパードリル

英語のハノン
中級

横山雅彦　中村佐知子

筑摩書房

はじめに

英語習得に関する言説は巷にあふれかえっています。

「英語ができるようになりたければ、とにかく文法を勉強するべきだ！」

「いや、英会話を通してコミュニケーションをはかり、自然に英語を身につけることが大事だ！」

さまざまな意見の中で一体どれを信じればいいのかわからず、結局英語学習を挫折してしまう……こんな経験をされた方も多いのではないかと思います。

英語を第一言語としない学習者が、英語を話せるようになるためには、文法知識が不可欠です。しかし、机に座り文法についての解説を聞き（読み）理解する、という従来の受動的な学習法だけでは、文法をスムーズに英会話で運用するのは困難です。これでは、せっかく得た文法知識は、まるで引き出しの奥にしまわれているかのような状態で、いざ会話で使おうと思ってもなかなか取り出すことはできないのです。

『英語のハノン』は、文法を能動的に使えるようアクティベートするためのトレーニング本です。つまり、引き出しの奥にしまわれている文法知識を机の上に並べ、いざというときパッと手に取り使える状態にするための本です。さらには、正しい文法知識が必要なときにみずから手の中に飛び込んできてくれるようになるでしょう。それが『英語のハノン』を極めた先にあるゴールなのです。

少し負荷が高いトレーニングですが、今の負荷が将来、英語を話す際の負荷を下げることになります。「知っている」文法を「使える」文法へ。ぜひこのハノンのトレーニングに励んでください。

最後になりましたが、『英語のハノン』の意義を認め、出版を決めてくださった筑摩書房、そして終始われわれに寄り添い、『英語のハノン』を世に出してくださった同社編集部の吉澤麻衣子さんに、心からの謝意を表します。

横山雅彦

中村佐知子

目次

第1部　接続詞を使いこなす ⋯⋯⋯⋯⋯⋯⋯⋯⋯⋯⋯⋯⋯⋯⋯⋯⋯⋯

第 2 部　より細かいニュアンスを伝えられるようになる

この本の特長

　『英語のハノン／初級』では、「語単位」の 5 文型と「句単位」の 5 文型を学びました。〈中級〉からは、いよいよ「節単位」の 5 文型を扱います。**節とは SV を含む文**のことですが、文にも「**単文**」と「**複文**」があります。**単文は「SV が 1 つしかない英文」**、複文は「**SV が 2 つ以上含まれている英文**」です（「SV が 2 つ以上含まれている英文」には「重文」もありますが、英語を使う上では、複文のほうがはるかに重要で、本書でトレーニングを行うのも複文のアウトプットです。複文と重文の違いについては、23 ページを参照してください）。

　日常会話レベルなら、複文を操れなくても、語単位と句単位の 5 文型が駆使できれば、それで十分です。実際、アメリカやイギリスの小学 4、5 年生までの子どもが使う英語は、そのレベルです。しかし、英語ネイティブの知識人の高度な会話をよく聞くと、複文がちりばめられていることがわかります。すなわち、複文こそが、英語を高度化し複雑化するメカニズムなのですが、実は、その原理はきわめて単純です。

　みなさんは、「マトリョーシカ人形」を知っていると思います。人形を上下二つに割ると、一回り小さいまったく同じ人形が入っていて、さらにそれを割ると小さい人形、さらに小さい人形というふうに、いくつもの「入れ子」が入ったロシアの伝統工芸品です。英文は、あのマトリョーシカと同じです。英文の「マトリョーシカ構造」あるいは「入れ子構造」さえ理解できれば、複文はまったく難しくありません。**句と同じように、節もまた 1 つのカタマリとなって、名詞節**（名詞のカタマリ）、**形容詞節**（形容詞のカタマリ）、**副詞節**（副詞のカタマリ）を作ります。要は、**単純な品詞と 5 文型に還元**されるのです。

　英語の文の入れ子を作ることができるのは、「**接続詞**」「**疑問詞**」「**関係詞**」の 3 つです。そして、おおまかに次のような棲み分けがされています（これはおおまかな棲み分けであり、接続詞と関係詞の中には他の節を作るものもあります。しっかりトレーニングしましょう）。

接続詞　副詞節（副詞のカタマリ）
疑問詞　名詞節（名詞のカタマリ）
関係詞　形容詞節（形容詞のカタマリ）

　接続詞と疑問詞が作る複文は「中級」、関係詞が作る複文は「上級」で扱います。その意味で、実際には「中級」は「上級1」、「上級」は「上級2」であり、「中級」と「上級」が揃ってはじめて英文のマトリョーシカ構造（複文構造）は完全に解明されることになります。それだけではなく、「初級」同様、オーディオ・リンガル・メソッドによる徹底的なパターン・プラクティスにより、口頭で複文を自在に操るトレーニングを行います。

　この「中級」で扱う英文法の「縦軸」（「初級」の「この本の特長」参照）は、接続詞と疑問詞が作る複文構造ですが、それに加えて、**過去完了形・未来完了形、間接話法、比較、倒置**など、知的で複雑な英文を駆使するために必要な「横軸」を学習します。「初級」以上に厳しいトレーニングとなりますが、「中級」と「上級」を辛抱強くこなすなら、知識人レベルの英語をオーラシー（話し言葉）において確実に習得することができるでしょう。

　この本は、「初級」を終えてくださっていることを前提に書かれていますが、もちろん、いきなり「中級」から始めていただいてもかまいません。ただし、「初級」の「この本の特長」でも述べているように、**単に知っているだけの文法知識（受動的知識）と実際に口頭で運用できる文法知識（能動的知識）のあいだには、大きな差**があります。もしこの「中級」でトレーニングを進めながら、自分には難しいと感じたら、ぜひ「初級」から始めてみてください。

　それは、決して恥ずかしいことではありません。『英語のハノン』は不思議な本で、一見簡単そうに見えて、いざやってみると難しく、英検1級やTOEIC満点の猛者たちが「初級」に四苦八苦するという現象が起こっています。それほど知識として英文法を理解することと、口頭で運用できるようになることは、まったくの別物なのです。

　本書のタイトルの由来となったピアノの練習曲集「ハノン」は、初心者のための教本でありながら、同時に百戦錬磨のプロのピアニストたちが指の感覚を維持するために日々取り組んでいるものでもあります。空手道に**「奥技は凡技、凡技は奥技」**という訓言があります。**空手道に特別な奥技などなく、入門して最初**

に習う基本こそがすべてであり、生涯追い求めるべき奥技である、という意味です。ピアノの「ハノン」は、初心者にとってもプロのピアニストにとっても、そのような「基本」であり「凡技」、すなわち「奥技」なのです。『英語のハノン』が、どうかピアノの「ハノン」同様、**英語スピーキングを学ぶすべての人にとって、生涯取り組み続ける「凡技即奥技」の修練の書**であってほしいと、心から願います。

　本書は、いわゆる学校文法（規範文法）を単なる受動的知識から能動的知識に変え、スピーキングに応用することを目的としています。執筆に当たっては、主に以下の文献を参照しました。

　ただし、著者たち自身の知見をもとに、英文校閲者であるマイケル・モリソン氏の助言を得ながら、「実際に使う、使わない」の徹底的な洗い直しと線引きを行いました。その意味で、本書は文法書として見ても、規範文法の体系と要点をほぼ遺漏なくまとめながら、同時に実用的な記述文法のハンドブックとしても参照できる画期的なものになったと自負するところです。

中原道喜『新マスター英文法』聖文新社、2008 年
中邑光男・山岡憲史・柏野健次編『ジーニアス総合英語』大修館書店、2017 年
綿貫陽・宮川幸久・須貝猛敏・高松尚弘『徹底例解ロイヤル英文法　改訂新版』旺文社、2000 年

ドリル用音声ダウンロード特設サイト
https://www.chikumashobo.co.jp/special/Eigo_no_Hanon
ナレーター： アニャ・フローリス、ジャック・マルジ
音声制作： エレック録音スタジオ

本書ドリルの進め方

　ドリル練習は、開本➡閉本の順で進めます。「初級」ではスロースピード、ナチュラルスピードの2種類がありましたが、「中級」ではナチュラルスピードのみで練習します。**最初は、開本状態で始め、できるようになったら、今度は本を閉じ、練習**を繰り返します。**目標は、閉本したまますらすら言えるようになること**です。

　「初級」で使用している文に比べ、**「中級」の文は格段に長く複雑**です。また、音声では「初級」のUnit 0に収録された英音法がふんだんに使われています。常に「初級」を手元に置いて、聞き取れない箇所は必ず英音法を参照しながら、学習を進めてください。あせらず、**まずは開本で十分練習してから閉本でのトレーニングに移る**ようにしましょう。

　本書のドリルには、次の2種類があります。

1) ***One-Step/Two-Step/Three-Step/Four-Step Drill***（1段階/2段階/3段階/4段階ドリル）
   都度指示に従った形に変換するドリルです。

2) ***Consecutive Drill***（連続ドリル）※Unit 12.6のみ
   文に新たな語句を次々に代入するドリルです。

1）One-Step Drill ⤴（1 段階ドリル）
Two-Step Drill ⤴ ⤴（2 段階ドリル）
Three-Step Drill ⤴ ⤴ ⤴（3 段階ドリル）
Four-Step Drill ⤴ ⤴ ⤴ ⤴（4 段階ドリル）の進め方

①音声に続いてリピートします（2 回）。すべての英文に和訳がついていますが、和訳の読み上げは録音されていません。

音声		あなた
I happened to see her.	➡	I happened to see her.
I was visiting the museum.		I was visiting the museum.

②音声の指示にしたがって文を変換します。

音声	あなた
when ➡	I happened to see her when I was visiting the museum.

③変換した文を、音声に続いてリピートします（2 回）。

音声		あなた
I happened to see her when I was visiting the museum.	➡	I happened to see her when I was visiting the museum.
I happened to see her when I was visiting the museum.	➡	I happened to see her when I was visiting the museum.

　ここまでが、**One-Step Drill**（1 段階ドリル）の進め方です。**Two-Step Drill**（2 段階ドリル）では 2 段階の変換、**Three-Step Drill**（3 段階ドリル）では 3 段階の変

換、**Four-Step Drill**（4 段階ドリル）では 4 段階の変換をすることになりますので、都度指示に従ってください。

2）**Consecutive Drill** ━⬇━（連続ドリル）の進め方

①Key Sentence を、音声に続いてリピートします（2 回）。すべての英文に和訳がついていますが、和訳の読み上げは録音されていません。

音声		あなた
This dictionary is a lot more expensive than that one.	➡	This dictionary is a lot more expensive than that one.
This dictionary is a lot more expensive than that one.	➡	This dictionary is a lot more expensive than that one.

②次に英語の単語（またはフレーズ）が聞こえてきますので、Key Sentence の一部にその単語（またはフレーズ）を代入します。

音声	あなた
more useful ➡	This dictionary is a lot more useful than that one.

③単語（またはフレーズ）を代入した文を、音声に続いてリピートします（2 回）。

音声		あなた
This dictionary is a lot more useful than that one.	➡	This dictionary is a lot more useful than that one.
This dictionary is a lot more useful than that one.	➡	This dictionary is a lot more useful than that one.

④英語の単語（またはフレーズ）が聞こえてきますので、文の一部にその単語（または
フレーズ）をさらに代入します。

音声	あなた
far ➡	This dictionary is far more useful than that one.

⑤単語（またはフレーズ）を代入した文を、音声に続いてリピートします（2回）。

音声		あなた
This dictionary is far more useful than that one.	➡	This dictionary is far more useful than that one.
This dictionary is far more useful than that one.	➡	This dictionary is far more useful than that one.

⑥このあと、同様に「英語の単語（またはフレーズ）を文の一部に代入」➡「文を音
声に続いてリピート」を最後まで繰り返します。

第 1 部

接続詞を
使いこなす

Unit 1
接続詞（1）接続詞の基本的役割
——副詞節を作る①

　Unit 1 では、**接続詞の基本的な役割、代表的な接続詞の用法**を学び、実際に口頭で運用する練習をしましょう。

　接続詞とは、読んで字のごとく、「**接続する詞**」ですが、ではいったい何と何を接続するのでしょうか。それは「**節（SV）と節（SV）**」です。ただし、対等につなぐのではなく、**片方が主節、もう片方が従属節**になります。主節がマトリョーシカ人形の本体、従属節が入れ子です。そして、**接続詞が導く節は、基本的には副詞節という入れ子**になります。

1.1 「時」を表す接続詞　when ·······················

when は「S が V するとき」という「時」を表す代表的な接続詞です。

たとえば、次の文を見てください。

　　He studied English in the States.
　　S　**V**　　**O**　　　**M**

　　彼はアメリカで英語を学んだ。

この文の頭に、接続詞の when をつけてみます。

　　when he studied English in the States

これで「彼がアメリカで英語を学んでいたときに」という意味の副詞節になりました。入れ子になったわけです。

<u>He</u> <u>pretended</u> <u>not to be Japanese</u> <u>when he studied English in</u>
　S　　　V　　　　　O　　　　　　　　　　M

<u>the States.</u>
彼はアメリカで英語を学んでいたとき、日本人ではないふりをしていた。

M になるのですから、比較的自由に動きまわります。

<u>When he studied English in the States,</u> <u>he</u> <u>pretended</u>
　　　　　　　　　M　　　　　　　　　　　S　　V

<u>not to be Japanese.</u>
　　　O

場合によっては、次のように言うことも可能です。

<u>He</u> <u>pretended,</u> <u>when he studied English in the States,</u>
　S　　V　　　　　　　　　　M

<u>not to be Japanese.</u>
　　　O

　このように、SV の頭につけて、その全体を大きな副詞のカタマリに変える。それが、接続詞の基本的な役割です。

Two-Step Drill ⤵ ⤵

　聞こえてくる2つの文を、when でつないで1文にしましょう。 その後、「reverse」と聞こえたら、主節と副詞節の順番を入れ替えましょう。

▌▌ Track No.
Unit 1.1 ▐▐

1)　I happened to see her. I was visiting the museum. (when)
　　私はたまたま彼女に会った。私はその博物館を訪れていた。

➡ I happened to see her when I was visiting the museum. (reverse)
　その博物館を訪れていたとき、私はたまたま彼女に会った。

➡ When I was visiting the museum, I happened to see her.

2) You have to watch your step. You get on the train. (when)
　あなたは足元に気をつけなければならない。あなたは電車に乗る。

　➡ You have to watch your step when you get on the train. (reverse)
　　電車に乗るとき、あなたは足元に気をつけなければならない。

　➡ When you get on the train, you have to watch your step.

3) The audience screamed. The singer appeared on the stage. (when)
　観客は叫び声を上げた。その歌手はステージに現れた。

　➡ The audience screamed when the singer appeared on the stage.
　　(reverse)
　　その歌手がステージに現れたとき、観客は叫び声を上げた。

　➡ When the singer appeared on the stage, the audience screamed.

4) Be sure to stay hydrated. It's hot out. (when)
　こまめに水分補給することを忘れないで。外は暑い。

　➡ Be sure to stay hydrated when it's hot out. (reverse)
　　外が暑いときは、こまめに水分補給することを忘れないで。

　➡ When it's hot out, be sure to stay hydrated.

5) She always gives me a hand. I'm in trouble. (when)
　彼女はいつも私を助けてくれる。私は困っている。

　➡ She always gives me a hand when I'm in trouble. (reverse)
　　私が困っているとき、彼女はいつも私を助けてくれる。

　➡ When I'm in trouble, she always gives me a hand.

1.2 「条件」を表す接続詞　if ·······························

if は「S が V するならば」という「条件」を表す代表的な接続詞です。

The party will be held indoors if it rains tomorrow.
　S　　　V　　　　　M　　　　　M

もし明日雨が降ったら、パーティーは屋内で開かれるだろう。

もちろん、次のように場所を動かすことも可能です。

If it rains tomorrow, the party will be held indoors.
　　　M　　　　　　　S　　　　V　　　　M

ここで、if 節の中の時制が現在になっていることに注意しましょう。時制の大切なルールとして、「時」や「条件」を表す副詞節の中では、**未来のことであっても、will ではなく現在時制を使います**。1.1 で学んだ when も時を表す接続詞ですから、未来を表すときには注意が必要です。

The door will open automatically when the sensor detects you.
(× will detect)
センサーがあなたを識別すると、ドアが自動的に開きます。

ただし、will が表す未来には単純未来と意志未来があり、意志未来の will は時や条件を表す副詞節の中でも使うことができます（ほとんどの will は単純未来です）。

If you will insist, I won't stop you from taking part in the contest.
どうしてもと言うなら、あなたがコンテストに参加することを止めはしない。

be going to も、will と同様に「～しそうだ」（単純未来）と「～するつもりだ」（意

志未来）の2つの意味を持ちますが、**より近い将来に確実に起こりそうなことを**述べるときに使われます。

Two-Step Drill ⤵ ⤵

聞こえてくる2つの文を、if でつないで1文にしましょう。その後、「reverse」と聞こえたら、主節と副詞節の順番を入れ替えましょう。「時や条件を表す副詞節の中では、単純未来の will は使わず現在時制にする」というルールを忘れないようにしましょう。

◖ Track No.
Unit 1.2 ◗

1) You should run. You don't want to miss the train. (if)
   あなたは走らないといけない。あなたはその電車を逃したくない。
   ➡ You should run if you don't want to miss the train. (reverse)
   その電車を逃したくないなら、あなたは走らないといけない。
   ➡ If you don't want to miss the train, you should run.

2) Go to the police. You've had your bag stolen. (if)
   警察に行きなさい。あなたはカバンを盗まれた。
   ➡ Go to the police if you've had your bag stolen. (reverse)
   カバンを盗まれたのなら、警察に行きなさい。
   ➡ If you've had your bag stolen, go to the police.

3) She'll wash her car later today. She'll feel like it. (if)
   彼女はあとで洗車するだろう。彼女はその気分になるだろう。
   ➡ She'll wash her car later today if she feels like it. (reverse)
   その気分になったら、彼女はあとで洗車するだろう。
   ➡ If she feels like it, she'll wash her car later today.

4) I'll tell him everything. I can trust him. (if)
   私は彼にすべてを話すだろう。私は彼を信頼できる。
   ➡ I'll tell him everything if I can trust him. (reverse)
   もし彼を信頼できたら、私は彼にすべてを話すだろう。
   ➡ If I can trust him, I'll tell him everything.

5） We'll be able to see Mt. Fuji from here. It'll be sunny
and clear tomorrow. (if)

私たちはここから富士山を見ることができる。明日は雲ひとつない天気
だろう。

➡ We'll be able to see Mt. Fuji from here if it's sunny
and clear tomorrow. (reverse)

もし明日雲ひとつない天気なら、私たちはここから富士山を見るこ
とができる。

➡ If it's sunny and clear tomorrow, we'll be able to see Mt. Fuji
from here.

1.3 if の強調形　even if

even if は if の強調形で「たとえ S が V しても」という「譲歩」の意味です。

<u>I'll quit</u> <u>even if you give me a raise.</u>
S　V　　　　M

たとえ給料を上げてくれても、私は辞める。

　譲歩を表す接続詞はほかに though / even though / although などがあ
ります（1.6 参照）。

Two-Step Drill 🔄 🔄

　聞こえてくる 2 つの文を、even if でつないで 1 文にしましょう。その後、
「reverse」と聞こえたら、主節と副詞節の順番を入れ替えましょう。「時や条件を
表す副詞節の中では、単純未来の will は使わず現在時制にする」というルー
ルを忘れないようにしましょう。

Track No.
Unit 1.3

1）He'll go surfing. There will be heavy rain. (even if)
彼はサーフィンに行くだろう。ひどく雨が降るだろう。

➡ He'll go surfing even if there is heavy rain. (reverse)
たとえひどく雨が降っても、彼はサーフィンに行くだろう。

➡ Even if there is heavy rain, he'll go surfing.

2）We'll hold the event. We'll have just a few applicants. (even if)
私たちはそのイベントを開催するだろう。申込者は少ないだろう。

➡ We'll hold the event even if we have just a few applicants. (reverse)
たとえ申込者が少なくても、私たちはそのイベントを開催するだろう。

➡ Even if we have just a few applicants, we'll hold the event.

3）I won't enter the university. I'll be accepted. (even if)
私はその大学には入学するつもりはない。私は合格するだろう。

➡ I won't enter the university even if I'm accepted. (reverse)
たとえ合格しても、私はその大学には入学するつもりはない。

➡ Even if I'm accepted, I won't enter the university.

4）She'll never apologize. She'll be wrong. (even if)
彼女は謝らないだろう。彼女は間違っているだろう。

➡ She'll never apologize even if she's wrong. (reverse)
たとえ間違っていても、彼女は謝らないだろう。

➡ Even if she's wrong, she'll never apologize.

5）You should keep studying English. Your progress will be slow. (even if)
英語を学び続けるべきだ。上達はゆっくりだろう。

➡ You should keep studying English even if your progress is slow. (reverse)
たとえ上達がゆっくりだとしても、英語を学び続けるべきだ。

➡ Even if your progress is slow, you should keep studying English.

ファンボーイズ
FANBOYS

　接続詞の中には、入れ子を作らないものがあり、それらを「**等位接続詞**」と呼びます。for / and / nor / but / or / yet / so の7つで、それぞれの頭文字を取り、**FANBOYS**（ファンボーイズ）と覚えておきましょう。これらは「入れ子」を作るのではなく、いわばマトリョーシカ人形本体を並べていく機能を持っています。「複文」は従属接続詞が SV をつないで作る文のことですが、これら等位接続詞が SV をつないで作る文を「**重文**」といいます。

　たとえば、for には「なぜなら」を意味する等位接続詞としての用法がありますが、because や since や as のように M（副詞節）は作らず、前後の SV を「対等に」＝「等位に」つなぎます。FANBOYS が導く節は、M にはなりませんので、もちろん自由に動き回ることはできません。

1.4　その他の「時」を表す接続詞 ……………………………

1.4.1　while（S が V するあいだ）

<u>The call</u> <u>dropped</u> <u>suddenly</u> <u>while we were chatting online</u>.
　S　　　　V　　　　M　　　　　　　　M

<u>While we were chatting online</u>, <u>the call</u> <u>dropped</u> <u>suddenly</u>.
　　　　　M　　　　　　　　　　　　　S　　　V　　　M

オンラインでチャットしているあいだに、通話が突然落ちた。

1.4.2 until / till SV（S が V するまで）

You can stay here until [till] it stops raining.
 S   V   M   M

Until it stops raining, you can stay here.
      M   S   V   M

雨がやむまで、ここにいていていいですよ。

　until と till には、「**S が V するまで**」という**接続詞**の用法の他に、「**〜まで**」という**前置詞**の用法もあります。

　　The shop stays open until [till] midnight.
　　その店は深夜 0 時まで開いている。

　接続詞としても前置詞としても、until と till は同じ意味ですが、till のほうがやや口語的です。また、till は文頭には置けません。このドリルでは、until を使って練習しましょう。「**時や条件を表す副詞節の中では、単純未来の will は使わず現在時制にする**」というルールを忘れないようにしましょう。

Two-Step Drill ⤵ ⤵

　聞こえてくる 2 つの文を、while または until でつないで 1 文にしましょう。その後、「reverse」と聞こえたら、主節と副詞節の順番を入れ替えましょう。「時や条件を表す副詞節の中では、単純未来の will は使わず現在時制にする」というルールを忘れないようにしましょう。

🔊 Track No.
Unit 1.4

1）　I'll take care of your baby. You're busy. (while)
　　私があなたの赤ちゃんの世話をします。あなたは忙しい。
　➡　I'll take care of your baby while you're busy. (reverse)
　　　あなたが忙しいあいだ、私があなたの赤ちゃんの世話をします。

➡　While you're busy, I'll take care of your baby.

2)　You have to wear a seatbelt. You're in the car. (while)
あなたはシートベルトを着用しなければならない。あなたは車の中にいる。

　　➡　You have to wear a seatbelt while you're in the car. (reverse)
車の中にいるあいだ、あなたはシートベルトを着用しなければならない。

　　➡　While you're in the car, you have to wear a seatbelt.

3)　The room was ransacked. He was away. (while)
部屋が荒らされた。彼は留守だった。

　　➡　The room was ransacked while he was away. (reverse)
彼が留守のあいだに、部屋が荒らされた。

　　➡　While he was away, the room was ransacked.

4)　He spoke no Japanese. He came to Japan. (until)
彼はひとことも日本語が話せなかった。彼は日本に来た。

　　➡　He spoke no Japanese until he came to Japan. (reverse)
彼は日本に来るまで、ひとことも日本語が話せなかった。

　　➡　Until he came to Japan, he spoke no Japanese.

5)　You should leave her alone. She'll get herself sorted out. (until)
あなたは彼女を一人にしておいてあげるべきだ。彼女は気持ちの整理をするだろう。

　　➡　You should leave her alone until she gets herself sorted out. (reverse)
彼女が気持ちの整理をするまで、あなたは彼女を一人にしておいてあげるべきだ。

　　➡　Until she gets herself sorted out, you should leave her alone.

1.5 その他の「条件」を表す接続詞 ·······························

1.5.1 as long as（S が V する限り）

You'll be safe as long as you stay here.
  S   V   C   M

As long as you stay here, you'll be safe.
       M   S   V   C

ここにいる限り、あなたは安全だ。

　慣用的に「S が V する限り」と訳される接続詞に、as far as がありますが、as long as と as far as はまったくの別物です。**as long as** が「**条件**」を表すのに対して、**as far as** は「**S が V する範囲では**」という「**範囲**」を表します。

He's the best surgeon as far as I know.
 S V   C   M

As far as I know, he's the best surgeon.
    M   S V   C

私が知る限り（知る範囲では）、彼は最高の外科医だ。

Two-Step Drill ⮌ ⮌

　聞こえてくる 2 つの文を、as long as でつないで 1 文にしましょう。その後、「reverse」と聞こえたら、主節と副詞節の順番を入れ替えましょう。

🔊 Track No.
Unit 1.5

1) Any book will do. It's interesting. (as long as)
　どんな本でもかまわない。それは面白い。
- ➡ Any book will do as long as it's interesting. (reverse)
  面白いものである限り、どんな本でもかまわない。
- ➡ As long as it's interesting, any book will do.

2) I don't mind the price. The food tastes good. (as long as)

　　私は値段は気にしない。その食べ物はおいしい。

　　➡　I don't mind the price as long as the food tastes good. (reverse)

　　　　その食べ物がおいしい限り、私は値段は気にしない。

　　➡　As long as the food tastes good, I don't mind the price.

3) You'll get better. You take things easy for a few days. (as long as)

　　あなたは回復するだろう。2、3 日無理をしない。

　　➡　You'll get better as long as you take things easy for a few days. (reverse)

　　　　2、3 日無理をしない限り、あなたは回復するだろう。

　　➡　As long as you take things easy for a few days, you'll get better.

4) You can use the room for free. You clean it up. (as long as)

　　あなたはその部屋を無料で使っていい。あなたはそれをきれいに掃除する。

　　➡　You can use the room for free as long as you clean it up. (reverse)

　　　　きれいに掃除することを条件に、あなたはその部屋を無料で使っていい。

　　➡　As long as you clean it up, you can use the room for free.

5) We stand a chance of winning. You're with us on the team. (as long as)

　　私たちには勝つ可能性がある。あなたがチームにいてくれる。

　　➡　We stand a chance of winning as long as you're with us on the team. (reverse)

　　　　あなたがチームにいてくれる限り、私たちには勝つ可能性がある。

　　➡　As long as you're with us on the team, we stand a chance of winning.

1.5.2 unless SV（S が V しない限り）

I won't lend you a single cent unless you write out an IOU.
S   V   O₁   O₂   M

Unless you write out an IOU, I won't lend you a single cent.
         M   S   V   O₁   O₂

借用書を書かない限り、君にはビタ一文貸さない。

※IOU「借用書」 "I owe you."（私はあなたに借りがある）に由来する。

unless は単なる if not（もし～しなければ）ではなく、「～する場合を除いて」という「唯一の除外の条件」を表します。また、unless 自体に否定の意味が含まれていますので、**続く文に not は不要**です。

Two-Step Drill ⤵ ⤵

聞こえてくる2つの文を、unless でつないで1文にしましょう。その後、「reverse」と聞こえたら、主節と副詞節の順番を入れ替えましょう。「時や条件を表す副詞節の中では、単純未来の will は使わず現在時制にする」というルールを忘れないようにしましょう。

🔊 Track No. Unit 1.6 🔊

1) You'll flunk the test. You don't study hard. (unless)
   あなたはテストに落ちるだろう。あなたは一生懸命勉強しない。
   ➡ You'll flunk the test unless you study hard. (reverse)
      一生懸命勉強しない限り、あなたはテストに落ちるだろう。
   ➡ Unless you study hard, you'll flunk the test.

2) You have to come to school. A warning won't go out. (unless)
   あなたは学校に来ないといけない。警報は出ないだろう。
   ➡ You have to come to school unless a warning goes out. (reverse)
      警報が出ない限り、あなたは学校に来ないといけない。
   ➡ Unless a warning goes out, you have to come to school.

3）I don't want to talk to him again. He doesn't apologize. (unless)
彼とは二度と口をききたくない。彼は謝らない。

➡　I don't want to talk to him again unless he apologizes. (reverse)
彼が謝らない限り、彼とは二度と口をききたくない。

➡　Unless he apologizes, I don't want to talk to him again.

4）The hospital won't accept you. You don't have a letter
of reference. (unless)
その病院はあなたを受け入れないだろう。あなたは紹介状を持っていない。

➡　The hospital won't accept you unless you have a letter
of reference. (reverse)
紹介状がない限り、その病院はあなたを受け入れないだろう。

➡　Unless you have a letter of reference, the hospital won't accept
you.

5）Kids under six can't ride this roller coaster. They aren't accompanied
by an adult. (unless)
6歳未満の子どもはこのローラーコースターには乗れない。大人が同伴していない。

➡　Kids under six can't ride this roller coaster unless they're
accompanied by an adult. (reverse)
大人が同伴しない限り、6歳未満の子どもはこのローラーコースターには乗れない。

➡　Unless they're accompanied by an adult, kids under six can't ride
this roller coaster.

1.6 「譲歩」を表す接続詞　though / even though / although ··

「S が V するにもかかわらず」という「譲歩」を表す代表的な接続詞としては、though と although があります。意味・用法ともほぼ同じです。

Reo is financially independent though [although] he's still young.
 S   V   C   M

Though [although] he's still young, Reo is financially independent.
         M   S   V   C

レオはまだ若いが経済的に自立している。

even though は **though の強調形**です。意味はよく似ていますが、even if と混同しないようにしましょう。if の強調形である even if があくまで**「仮定」**の内容を述べているのに対して、even though は**「現実」**の内容を述べています。

Even if your progress is slow, you should keep studying English.
たとえ（これから）上達がゆっくりだとしても、英語を勉強し続けるべきだ。

Even though your progress is slow, you should keep studying English.
たとえ（今は）上達がゆっくりだとしても、英語を勉強し続けるべきだ。

Two-Step Drill ⤴ ⤴

聞こえてくる 2 つの文を、though / even though または although でつないで 1 文にしましょう。その後、「reverse」と聞こえたら、主節と副詞節の順番を入れ替えましょう。

((Track No.
Unit 1.7))

1) He made it to the meeting on time. The train was delayed. (although)
   彼は会議に間に合った。電車が遅れた。

➡ He made it to the meeting on time although the train was delayed. (reverse)

電車が遅れたにもかかわらず、彼は会議に間に合った。

➡ Although the train was delayed, he made it to the meeting on time.

2) I still want to buy the car. It costs a fortune. (even though)

私はそれでもその車を買いたい。それはものすごい値段だ。

➡ I still want to buy the car even though it costs a fortune. (reverse)

たとえものすごい値段でも、私はその車を買いたい。

➡ Even though it costs a fortune, I still want to buy the car.

3) The pain in my throat hasn't gone away. I took some medicine. (even though)

喉の痛みが引かない。私は薬を飲んだ。

➡ The pain in my throat hasn't gone away even though I took some medicine. (reverse)

薬を飲んだにもかかわらず、喉の痛みが引かない。

➡ Even though I took some medicine, the pain in my throat hasn't gone away.

4) She couldn't achieve her quota. She made every effort to do so. (although)

彼女はノルマを達成できなかった。彼女はあらゆる努力をした。

➡ She couldn't achieve her quota although she made every effort to do so. (reverse)

彼女はあらゆる努力をしたが、ノルマを達成できなかった。

➡ Although she made every effort to do so, she couldn't achieve her quota.

5) It wasn't warm at all in the auditorium. The heater was on. (though)

講堂の中はまったく暖かくなかった。暖房は入っていた。

➡ It wasn't warm at all in the auditorium though the heater was on. (reverse)

暖房は入っていたが、講堂の中はまったく暖かくなかった。

➡ Though the heater was on, it wasn't warm at all in the auditorium.

1.7 「理由」を表す接続詞　because / since / as …………

「S が V だから」という「理由」を表す接続詞の代表が、because です。

<u>Ken</u> <u>always</u> <u>misses</u> <u>early morning classes</u>
　S　　　 M　　　 V　　　　　　O

<u>because he can't get up on time.</u>
　　　　　　　M

ケンは時間通りに起きられないので、いつも朝早い授業に間に合わない。

　because は、相手が知らない理由や原因を導きますので、副詞節として使う場合は、ふつう**主節の後ろ**(文末)に置かれます(必ずというわけではなく、文頭に置かれることもあります)。

　since / as も「理由」を表す副詞節を作りますが、相手がすでに知っていることを導きますので、ふつう**文頭**に置かれます(必ずというわけではなく、文末に置かれることもあります)。ただし、文頭に置かれる傾向があるのは、「理由」の意味で使われる場合に限ります。たとえば、since は現在完了では「〜して以来」という意味で使われますし、as には「理由」以外に 3 つの意味があります(Unit 2 参照)。「理由」の意味以外でなら、もちろん since も as も、主節の前後を問わず自由に使われます。

<u>Since he can't get up on time,</u> <u>Ken</u> <u>always</u> <u>misses</u> <u>early morning classes.</u>
　　　　　　　M　　　　　　　　　　S　　　M　　　V　　　　　O

<u>As he can't get up on time,</u> <u>Ken</u> <u>always</u> <u>misses</u> <u>early morning classes.</u>
　　　　　　M　　　　　　　　　 S　　　M　　　V　　　　　O

Two-Step Drill

聞こえてくる 2 つの文を、because でつないで 1 文にしましょう。その後、since か as で言い換えましょう。because の場合は文末、since / as の場合は文頭に副詞節を置きます。

((Track No. Unit 1.8))

1） I can't withdraw cash from my account. The ATM is out of order. (because)

　　私は口座からお金をおろせない。ATM が故障している。

　　➡ I can't withdraw cash from my account because the ATM is out of order. (since)

　　　　ATM が故障しているので、私は口座からお金をおろせない。

　　➡ Since the ATM is out of order, I can't withdraw cash from my account.

2） The flight was canceled. The weather was bad. (because)

　　フライトはキャンセルされた。天候が悪かった。

　　➡ The flight was canceled because the weather was bad. (as)

　　　　天候が悪かったため、フライトはキャンセルされた。

　　➡ As the weather was bad, the flight was canceled.

3） You might want to make a little extra. Max is a big eater. (because)

　　少し余分に作っておいたほうがいいですよ。マックスは大食いだ。

　　➡ You might want to make a little extra because Max is a big eater. (as)

　　　　マックスは大食いなので、少し余分に作っておいたほうがいいですよ。

　　➡ As Max is a big eater, you might want to make a little extra.

　　　　※might want to「〜したほうがいいですよ」と控えめに何かを勧めたり提案したりするときに使う表現です。

4） You should wear sunglasses. The sun is strong today. (because)

　　あなたはサングラスをかけるべきだ。今日は日差しが強い。

➡ You should wear sunglasses because the sun is strong today. (as)
今日は日差しが強いので、あなたはサングラスをかけるべきだ。

➡ As the sun is strong today, you should wear sunglasses.

5) I called a plumber. Water was leaking from the pipe. (because)
私は配管工を呼んだ。パイプから水が漏れていた。

➡ I called a plumber because water was leaking from the pipe. (as)
パイプから水が漏れていたので、私は配管工を呼んだ。

➡ As water was leaking from the pipe, I called a plumber.

1.8 副詞節の中での〈S + be〉の省略······························

接続詞が作る副詞節の中で、〈S + be〉が省略されることがあります。主節のSと副詞節のSが同じであることが条件です。**結果的に、〈接続詞 + 分詞構文〉**（『英語のハノン／初級』19.4 参照）**と同じ形になります。**ただし、**if possible**（もし可能なら）と **if necessary**（もし必要なら）は、主節のSを問わず、使うことができます。それぞれ、〈it + be〉が省略された形です。

Teachers mustn't smoke when they are on the school premises.
　　S　　　　V　　　　　　　　　　　　　M

先生は学校の敷地内で喫煙してはいけない。

➡ Teachers mustn't smoke when on the school premises.
When on the school premises, teachers mustn't smoke.

I want to cancel my reservation if it's possible.
S　V　　　　　O　　　　　　　　　M

可能なら、予約をキャンセルしたいのですが。

➡ I want to cancel my reservation if possible.
If possible, I want to cancel my reservation.

Two-Step Drill 🔁 🔁

「change」と聞こえたら、副詞節の中の〈S+be〉を省略しましょう。さらに、「reverse」と聞こえたら、省略したまま副詞節と主節を入れ替えましょう。

((Track No.
Unit 1.9))

1） Feel free to call me if it's necessary. (change)
   必要なら、自由にお電話ください。
   ➡ Feel free to call me if necessary. (reverse)
   ➡ If necessary, feel free to call me.

2） I'd like to change my room if it's possible. (change)
   可能ならルームチェンジをしたいです。
   ➡ I'd like to change my room if possible. (reverse)
   ➡ If possible, I'd like to change my room.

3） Cold chicken is delicious when it's eaten with salad. (change)
   コールドチキンはサラダと一緒に食べるとおいしい。
   ➡ Cold chicken is delicious when eaten with salad. (reverse)
   ➡ When eaten with salad, cold chicken is delicious.

4） Please refrain from taking photos unless you're given permission.
   (change)
   許可がない限り、写真撮影はお控えください。
   ➡ Please refrain from taking photos unless given permission.
     (reverse)
   ➡ Unless given permission, please refrain from taking photos.

5） I was bitten by so many mosquitoes while I was watching
   the fireworks. (change)
   花火を見ているあいだに、たくさんの蚊に刺された。
   ➡ I was bitten by so many mosquitoes while watching the fireworks.
     (reverse)
   ➡ While watching the fireworks, I was bitten
     by so many mosquitoes.

Unit 2
接続詞（2）副詞節を作る②
——注意すべき接続詞 as

　as は非常に意味の多い接続詞で、その使い分けには慣れが必要です。Unit 1 の 1.7 に出てきた「理由」以外に、次の 3 つの主な意味があります。

2.1　比例

「**S が V するにつれて**」という意味です。

<u>Everything</u> <u>changes</u> <u>as time goes by</u>.
　　S　　　　　V　　　　M

<u>As time goes by</u>, <u>everything</u> <u>changes</u>.
　　M　　　　　　　S　　　　　V

時が経つにつれて、すべてが変わっていく。

Two-Step Drill ⤵ ⤵

　聞こえてくる 2 つの文を、「比例」を表す as でつないで 1 文にしましょう。その後、「reverse」と聞こえたら、主節と副詞節の順番を入れ替えましょう。

（|| Track No. Unit 2.1 ||）

1）　We get wiser. We get older. (as)
　　私たちはより賢くなる。私たちはより年を取る。

　➡　　We get wiser as we get older. (reverse)
　　　　私たちは年を取るにつれて賢くなる。

　➡　　As we get older, we get wiser.

2) You get better. You practice more. (as)

あなたはもっと上手くなる。あなたはもっと練習する。

➡ You get better as you practice more. (reverse)

もっと練習するにつれ、あなたはもっと上手くなる。

➡ As you practice more, you get better.

3) You'll get used to the new environment. Time passes. (as)

あなたは新しい環境に慣れるだろう。時が経つ。

➡ You'll get used to the new environment as time passes. (reverse)

時が経つにつれて、あなたは新しい環境に慣れるだろう。

➡ As time passes, you'll get used to the new environment.

4) We got a better view. We went up the hill. (as)

視界がよくなった。私たちは山を登っていった。

➡ We got a better view as we went up the hill. (reverse)

山を登っていくにつれ、視界がよくなった。

➡ As we went up the hill, we got a better view.

5) She enjoyed living in her new neighborhood. She began to make friends. (as)

彼女は新しい隣人の中で暮らすことを楽しんだ。彼女に友達ができ始めた。

➡ She enjoyed living in her new neighborhood as she began to make friends. (reverse)

友達ができ始めるにつれ、彼女は新しい隣人の中で暮らすことを楽しんだ。

➡ As she began to make friends, she enjoyed living in her new neighborhood.

2.2 付帯状況 ··

「S が V するのと同時に」という意味で、多くの場合、**just as** の形で使われます。

A car sped past just as I stopped.
S   V   M   M

Just as I stopped, a car sped past.
M   S   V   M

ちょうど私が足を止めると同時に、1 台の車がスピードを上げて通り過ぎていった。

Two-Step Drill 🔁 🔁

聞こえてくる 2 つの文を、「付帯状況」を表す just as でつないで 1 文にしましょう。その後「reverse」と聞こえたら、主節と副詞節の順番を入れ替えましょう。

🔊 Track No.
Unit 2.2 🔊

1）I finished writing the answer. The proctor said "Stop." (just as)
私は答えを書き終えた。試験監督が「やめ」と言った。
→ I finished writing the answer just as the proctor said "Stop."
(reverse)
試験監督が「やめ」と言うと同時に、私は答えを書き終えた。
→ Just as the proctor said "Stop," I finished writing the answer.

2）A boy jumped into the elevator. The door began to close. (just as)
1 人の少年がエレベーターに飛び込んできた。ドアが閉まり始めた。
→ A boy jumped into the elevator just as the door began to close.
(reverse)
ドアが閉まり始めたちょうどそのときに、1 人の少年がエレベーターに飛び込んできた。
→ Just as the door began to close, a boy jumped into the elevator.

3）　The train left. She got to the platform. (just as)

その電車は出発した。彼女はプラットホームに着いた。

➡　The train left just as she got to the platform. (reverse)

彼女がプラットホームに着くと同時に、その電車は出発した。

➡　Just as she got to the platform, the train left.

4）　The screen went blank. He started downloading the file. (just as)

スクリーンが真っ暗になった。彼はファイルのダウンロードを始めた。

➡　The screen went blank just as he started downloading the file. (reverse)

彼がファイルのダウンロードを始めると同時に、スクリーンが真っ暗になった。

➡　Just as he started downloading the file, the screen went blank.

5）　I received his email. I was thinking about him. (just as)

彼からメールが来た。私は彼のことを考えていた。

➡　I received his email just as I was thinking about him. (reverse)

彼のことを考えていたちょうどそのとき、彼からメールが来た。

➡　Just as I was thinking about him, I received his email.

2.3　様態

「S が V するように」という意味です。like に置き換えることができます（この場合の like は接続詞です）。やはり just as / just like の形でもよく使われます。

She won't come as [like] I said earlier.
　S　　　V　　　　　　　M

As [Like] I said earlier, she won't come.
　　　　M　　　　　　　　S　　　V

先ほど言ったように、彼女は来ない。

様態の as では、省略が起こります。

<u>We</u> <u>need</u> <u>to change the rule</u> <u>as we discussed on the phone</u>.
  S   V   O   M

電話で話し合ったように、私たちはそのルールを変える必要がある。

本来、discuss は他動詞で、it / this / that など「そのこと」を意味する目的語がなければなりませんが、自明のこととして省略されています。

Two-Step Drill ↱ ↱

聞こえてくる 2 つの文を、続いて聞こえてくる接続詞を使ってつなぎましょう。as [like] 節では〈他動詞＋ O〉の O に当たる it や so は省略します（「そのように」という意味の副詞の so が他動詞の O として代名詞的に働くことがあります）。その後、「reverse」と聞こえたら、主節と副詞節の順番を入れ替えましょう。

Track No.
Unit 2.3

1） Everything went pretty well. I expected so. (as)
　 すべてうまくいった。私はそう期待した。
　 ➡ Everything went pretty well as I expected. (reverse)
　 　 私が期待したとおり、すべてうまくいった。
　 ➡ As I expected, everything went pretty well.

2） No one is in the room. I thought so. (just as)
　 部屋には誰もいない。私はそう思っていた。
　 ➡ No one is in the room just as I thought. (reverse)
　 　 案の定、部屋には誰もいない。
　 ➡ Just as I thought, no one is in the room.

3） We have to update the syllabus. We discussed it. (as)
　 私たちはシラバスを更新しなければならない。私たちはそのことを話し合った。
　 ➡ We have to update the syllabus as we discussed. (reverse)
　 　 話し合ったように、私たちはシラバスを更新しなければならない。
　 ➡ As we discussed, we have to update the syllabus.

4) He got a promotion. You said so. (as)

彼は昇進した。あなたはそう言った。

➡ He got a promotion as you said. (reverse)

あなたが言ったように、彼は昇進した。

➡ As you said, he got a promotion.

5) More attention should be paid to students' well-being. I mentioned it earlier. (like)

学生たちの幸福はもっと注意を払われなければならない。私は先ほどそのことに触れた。

➡ More attention should be paid to students' well-being like I mentioned earlier. (reverse)

先ほど触れたように、学生たちの幸福はもっと注意を払われなければならない。

➡ Like I mentioned earlier, more attention should be paid to students' well-being.

Unit 3
接続詞（3）副詞節を作る③
——注意すべき接続詞 that

　副詞節を導く that には、以下の 3 つの意味があります。また、副詞節を導く that は、口語ではしばしば省略されます。

3.1　感情の原因・理由 ·······························

　感情を表す形容詞の後ろに置いて、「S が V だなんて」という「原因」や「理由」を表します。

I'm glad (that) I can see you.
S V　C 　　　M

お会いできて嬉しいです。

　この用法は「感情を表す形容詞の後ろに置くこと」が条件ですので、形容詞の前に出ることはできません。

Two-Step Drill ↻↻

　聞こえてくる 2 つの文を「感情の原因・理由」を表す that でつないで 1 文にしましょう。さらに、「omit」と聞こえたら、that を省略して言いましょう。

((Track No.
Unit 3.1))

1)　I'm delighted. You dropped in. (that)
　　私は嬉しい。あなたは立ち寄ってくれた。

➡ I'm delighted that you dropped in. (omit)
お立ち寄りくださり、嬉しく思います。

➡ I'm delighted you dropped in.

2) He was sorry. He couldn't see you. (that)
彼は残念に思った。彼はあなたに会えなかった。

➡ He was sorry that he couldn't see you. (omit)
彼はあなたに会えなくて残念がっていた。

➡ He was sorry he couldn't see you.

3) She was amazed. The medicine worked very well. (that)
彼女は驚いた。その薬はとてもよく効いた。

➡ She was amazed that the medicine worked very well. (omit)
その薬がとてもよく効いて彼女は驚いた。

➡ She was amazed the medicine worked very well.

4) I'm surprised. He's tied with Nick in the golf tournament. (that)
私はびっくりしている。彼はゴルフのトーナメントでニックと互角に戦っている。

➡ I'm surprised that he's tied with Nick in the golf tournament. (omit)
彼はゴルフのトーナメントでニックと互角に戦っていて、私はびっくりしている。

➡ I'm surprised he's tied with Nick in the golf tournament.

5) I was very disappointed. The book was out of print. (that)
私はとてもがっかりした。その本は絶版だった。

➡ I was very disappointed that the book was out of print. (omit)
その本は絶版で、私はとてもがっかりした。

➡ I was very disappointed the book was out of print.

3.2 目的 ·······

3.2.1 目的・1

〈so that + SV〉の形で、「S が V するために」という「目的」を表します。

<u>We should keep the window half-open so (that) we can ventilate</u>
　 S　　 V　　　　 O　　　　 C　　 M

<u>the room.</u>

部屋の空気を入れ換えられるように、窓は半開きにしておくべきだ。

「目的」を表す so that 節の中では、can や may などの助動詞が使われます。
書き言葉では、so that の前にコンマを置いて、**「結果」**の意味を表すことがあります。もちろん、話し言葉では、コンマの有無はわかりませんので、文脈で「目的」か「結果」かを判断することになりますが、may や can などの助動詞の有無も目安になります。

<u>He missed the last train, so (that) it took him three hours to get home.</u>
　S　　 V　　　　 O　　　　　　　　　 M

彼は最終電車に乗り遅れ、(その結果) 3 時間かけて歩いて家に帰った。

ちなみに、that を省略すると、「したがって」という意味の等位接続詞 so と区別がつかなくなります。また、「目的」でも「結果」でも、so that 節が文頭に出ることはありません。

Two-Step Drill 🔄 🔄

聞こえてくる 2 つの文を〈so that + SV〉でつないで 1 文にしましょう。その際、続いて聞こえてくる助動詞を使います。さらに、「omit」と聞こえたら、that を省略して言いましょう。

Track No.
Unit 3.2

1） I've started doing volunteer work. I want to contribute to the community. (can)

私はボランティアを始めた。地域社会に貢献したい。

➡ I've started doing volunteer work so that I can contribute to the community. (omit)

私は地域社会に貢献するためにボランティアを始めた。

➡ I've started doing volunteer work so I can contribute to the community.

2） She practices karate. She wants to learn self-defense. (can)

彼女は空手を練習している。彼女は護身術を学びたい。

➡ She practices karate so that she can learn self-defense. (omit)

彼女は護身術を学べるように空手を練習している。

➡ She practices karate so she can learn self-defense.

3） He studied very hard. He wanted to be a lawyer. (could)

彼は一生懸命勉強した。彼は弁護士になりたかった。

➡ He studied very hard so that he could be a lawyer. (omit)

彼は弁護士になれるように一生懸命勉強した。

➡ He studied very hard so he could be a lawyer.

4） Brad spoke in a loud voice. He wanted to make himself heard at the back. (could)

ブラッドは大声で話した。彼は後ろまで声を届けたかった。

➡ Brad spoke in a loud voice so that he could make himself heard at the back. (omit)

ブラッドは後ろまで声が届くように大声で話した。

➡ Brad spoke in a loud voice so he could make himself heard at the back.

5） We should take a walk every day. We want to keep fit. (can)

私たちは毎日散歩をするべきだ。私たちは健康を保ちたい。

➡ We should take a walk every day so that we can keep fit. (omit)
　　私たちは健康を保てるように毎日散歩をするべきだ。

➡ We should take a walk every day so we can keep fit.

3.2.2　目的・2

〈so that ＋否定文〉は〈for fear that ＋ SV〉で表現できます。「～してはいけないので」という意味です。that 節の中では、may や will などの助動詞が使われます。

I didn't report my mistake to Karen so that it wouldn't anger her.
S　　V　　　O　　　　M　　　　　　　M

カレンを怒らせないよう、私はミスを報告しなかった。

I didn't report my mistake to Karen for fear that it would anger her.
S　　V　　　O　　　　M　　　　　　　M

カレンを怒らせてはいけないので、私はミスを報告しなかった。

ここで使われる that は同格の that（7.1 参照）で、fear（恐れ）と同格になる名詞節を導きます。したがって、その内容は**「起こってはならないこと」**であるため、**否定語は不要**です。また、〈for fear that ＋ SV〉は**文末**に置かれます。that は省略することができます。

Two-Step Drill 🔄 🔄

聞こえてくる文を〈for fear that ＋ SV〉で言い換えましょう。さらに、「omit」と聞こえたら、that を省略して言いましょう。

🔊 Track No.
Unit 3.3 🔊

1）　I saved the file on my SD card so that I wouldn't lose it. (for fear)
　　失くさないように、私はそのファイルを SD カードに保存した。

➡　I saved the file on my SD card for fear that I'd lose it. (omit)
　　失くしてはいけないので、私はそのファイルを SD カードに保存した。

➡　I saved the file on my SD card for fear I'd lose it.

2)　I set three alarm clocks so that I wouldn't oversleep. (for fear)
　　寝坊しないよう、私は目覚まし時計を 3 つセットした。

➡　I set three alarm clocks for fear that I'd oversleep. (omit)
　　寝坊してはいけないので、私は目覚まし時計を 3 つセットした。

➡　I set three alarm clocks for fear I'd oversleep.

3)　She wore warm clothes yesterday so that she wouldn't catch a cold. (for fear)
　　風邪をひかないよう、彼女は昨日暖かい服を着た。

➡　She wore warm clothes yesterday for fear that she'd catch a cold. (omit)
　　風邪をひいてはいけないので、彼女は昨日暖かい服を着た。

➡　She wore warm clothes yesterday for fear she'd catch a cold.

4)　I stayed at the airport hotel so that I wouldn't miss the morning flight. (for fear)
　　朝のフライトに乗り遅れないよう、私は空港のホテルに泊まった。

➡　I stayed at the airport hotel for fear that I'd miss the morning flight. (omit)
　　朝のフライトに乗り遅れてはいけないので、私は空港のホテルに泊まった。

➡　I stayed at the airport hotel for fear I'd miss the morning flight.

5)　I put my smartphone on silent so that I wouldn't be disturbed by calls or notifications. (for fear)
　　電話や通知にわずらわされないよう、スマホをサイレントモードにした。

→ I put my smartphone on silent for fear that I'd be disturbed by calls or notifications. (omit)

電話や通知にわずらわされてはいけないので、スマホをサイレントモードにした。

→ I put my smartphone on silent for fear I'd be disturbed by calls or notifications.

3.3 程度

3.3.1 程度・1

〈so +形容詞［副詞］+ that + SV〉で、「S が V するほどとても…」という「程度」を表します。ここでも、that は省略することができます。

（A）I was so shocked (that) I was speechless.
　　 S V 　　C 　　　　 M

私は一言も話せないほどとてもショックだった。

（B）This vacuum cleaner is so powerful (that) it can suck up anything.
　　　　　 S 　　　　　 V 　　C 　　　　　 M

この掃除機は何でも吸い上げられるほどとても強力だ。

（A）は「私はあまりにショックだったので一言も話せなかった」、（B）は「この掃除機はあまりに強力で何でも吸い上げられる」と、〈so...that 構文〉は慣用的に「結果」の意味で訳されますが、ここでの that の**本来の意味は「程度」**です。

Two-Step Drill

聞こえてくる 2 つの文を、〈so...that 構文〉でつなぎましょう。さらに、「omit」と聞こえたら、that を省略して言いましょう。

※日本語訳はわかりやすく「結果」の意味になっています。

Track No.
Unit 3.4

1） He's very tall. He can touch the ceiling. (so)
彼はとても背が高い。彼はその天井に手が届く。

➡　He's so tall that he can touch the ceiling. (omit)
彼はあまりに背が高く、その天井に手が届く。

➡　He's so tall he can touch the ceiling.

2） That boy was very smart. He skipped a grade in elementary school.
(so)
あの少年はとても頭がよかった。彼は小学校で飛び級した。

➡　That boy was so smart that he skipped a grade in elementary
school. (omit)
あの少年はあまりに頭がよく、小学校で飛び級した。

➡　That boy was so smart he skipped a grade in elementary school.

3） She's very tough. She works until late every day. (so)
彼女はとてもタフだ。彼女は毎日遅くまで働いている。

➡　She's so tough that she works until late every day. (omit)
彼女はあまりにタフで、毎日遅くまで働いている。

➡　She's so tough she works until late every day.

4） He's very adept at persuading people. He can make a good sales
person. (so)
彼は人を説得するのがとても上手い。彼はよい販売員になることができ
る。

➡　He's so adept at persuading people that he can make a good sales
person. (omit)
彼は人を説得するのがとても上手いので、よい販売員になることが
できる。

➡　He's so adept at persuading people he can make a good sales
person.

5） AI has advanced very rapidly. It's taking jobs away from humans. (so)
AI はとても急速に進歩してきた。それは人間から仕事を奪いつつある。

➡ AI has advanced so rapidly that it's taking jobs away from humans. (omit)

AI はあまりに急速に進歩して、人間から仕事を奪いつつある。

➡ AI has advanced so rapidly it's taking jobs away from humans.

3.3.2 程度・2

〈such + (a/an +) 形容詞+名詞+ that + SV〉で、「S が V するほどとても…」という「程度」を表します。〈so +形容詞［副詞］+ that + SV〉と同じ that の用法です。この構文では、that を省略しないほうが自然です。

America is such a large country that there is a three-hour time
  S   V   C   M

difference between the east and the west coast.

アメリカは東海岸と西海岸のあいだに 3 時間の時差があるほどとても大きな国だ（アメリカはとても大きな国で東海岸と西海岸のあいだに時差がある）。

以下のように、形容詞を伴わないこともあります。

He's such an expert that he can answer any question on the topic.
彼はその話題についてどんな質問にも答えられるほど大変な専門家だ（彼は大変な専門家なのでその話題についてどんな質問にも答えられる）。

One-Step Drill

聞こえてくる 2 つの文を、〈such...that 構文〉でつなぎましょう。

※日本語訳はわかりやすく「結果」の意味になっています。

Track No.
Unit 3.5

1）He's a very good boxer. No one can beat him. (such)
彼はとてもよいボクサーだ。誰も彼には勝てない。

　➡　He's such a good boxer that no one can beat him.
　　　彼はとてもよいボクサーなので誰も彼には勝てない。

2）They're very good friends. They're always together. (such)
彼らはとてもいい友達だ。彼らはいつも一緒にいる。

　➡　They're such good friends that they're always together.
　　　彼らはとてもいい友達で、いつも一緒にいる。

3）The area has a very dry climate. Not many plants can survive there. (such)
その地域はとても乾燥した気候を持つ。そこで生存できる植物は少ない。

　➡　The area has such a dry climate that not many plants can survive there.
　　　その地域はとても乾燥した気候を持つので、そこで生存できる植物は少ない。

4）Mr. Smith is a very supportive teacher. He's trusted by his students. (such)
スミス先生はとても支えになってくれる先生だ。彼は生徒たちから信頼されている。

　➡　Mr. Smith is such a supportive teacher that he's trusted by his students.
　　　スミス先生はとても支えになってくれる先生なので、生徒たちから信頼されている。

5）She's a very cautious investor. She never takes risks. (such)
彼女はとても慎重な投資家だ。彼女は決してリスクを冒さない。

　➡　She's such a cautious investor that she never takes risks.
　　　彼女はとても慎重な投資家なので、決してリスクを冒さない。

Unit 4
接続詞（4）副詞節を導く
that の不定詞への言い換え

4.1 〈so that + SV〉の不定詞への言い換え ·····················

「目的」を表す〈so that + SV〉（3.2.1 参照）は、以下のように 3 通りに書き換えることができます。so as to では〈意味上の S〉は使えません。

I stepped aside so that I could avoid the oncoming bicycle.
S V M   M

私は近づいてくる自転車を避けるために脇によけた。

① I stepped aside to avoid the oncoming bicycle. 〈不定詞〉

② I stepped aside in order to avoid the oncoming bicycle. 〈in order to〉

③ I stepped aside so as to avoid the oncoming bicycle. 〈so as to〉

I stepped aside so that the oncoming bicycle could pass.
S V M   M

私は近づいてくる自転車が通れるように脇によけた。

① I stepped aside for the oncoming bicycle to pass. 〈不定詞〉

② I stepped aside in order for the oncoming bicycle to pass. 〈in order to〉

③ I stepped aside so as for the oncoming bicycle to pass. (×)

「～しないように」とする場合は、それぞれ〈in order not to〉〈so as not to〉となりますが、実際の会話で使われることはほとんどありません。

Three-Step Drill

聞こえてくる文を、①不定詞、② in order to、③ so as to で言い換えましょう。
〈意味上の S〉が必要な場合は、③は作れないため、Two-Step になります。

Track No.
Unit 4.1

1） She got up early so that she could catch the first train. (to)
　　彼女は始発の電車に乗れるように早起きした。
　➡　She got up early to catch the first train. (in order to)
　　　彼女は始発の電車に乗るために早起きした。
　➡　She got up early in order to catch the first train. (so as to)
　➡　She got up early so as to catch the first train.

2） I'm working three part-time jobs so that I can buy a new car. (to)
　　私は新しい車を買えるように3つバイトをしている。
　➡　I'm working three part-time jobs to buy a new car. (in order to)
　　　私は新しい車を買うために3つバイトをしている。
　➡　I'm working three part-time jobs in order to buy a new car. (so as to)
　➡　I'm working three part-time jobs so as to buy a new car.

3） I'll install a home theater system so that I can enjoy movies at home. (to)
　　私は家で映画を楽しめるようホームシアターを取り付けるつもりだ。
　➡　I'll install a home theater system to enjoy movies at home. (in order to)
　　　私は家で映画を楽しむためにホームシアターを取り付けるつもりだ。
　➡　I'll install a home theater system in order to enjoy movies at home. (so as to)
　➡　I'll install a home theater system so as to enjoy movies at home.

4) I'll install a home theater system so that my family can enjoy movies at home. (to)

私は家族が家で映画を楽しめるようホームシアターを取り付けるつもりだ。

➝ I'll install a home theater system for my family to enjoy movies at home. (in order to)

私は家族が家で映画を楽しむためにホームシアターを取り付けるつもりだ。

➝ I'll install a home theater system in order for my family to enjoy movies at home.

5) She drove her son to the station so that he could catch the train. (to)

彼女は息子が電車に間に合うように駅まで車で送った。

➝ She drove her son to the station for him to catch the train. (in order to)

彼女は息子が電車に間に合うために駅まで車で送った。

➝ She drove her son to the station in order for him to catch the train.

4.2 〈too...to〉構文

4.2.1 〈too...to〉構文・1

「程度」を表す〈so ＋形容詞［副詞］＋ that ＋否定文〉は、不定詞を使って〈too...to〉で言い換えられます。

Max was so shocked that he couldn't speak.
 S V   C   M

マックスは話せないほどショックを受けた（マックスはショックのあまり話せなかった）。

<u>Max</u> <u>was</u> <u>too shocked</u> <u>to speak</u>.
 S V   C   M

マックスは話すにはショックを受けすぎた（マックスはあまりにもショックを受けたので話せなかった）。

 too は「あまりに ...」という意味で、「**to 以下するには、あまりに ... すぎる**」という構造になります。したがって、**to 以下は肯定の意味（〜するには／〜するためには）**にしなければなりません。否定のままにしないよう、気をつけてください。

One-Step Drill ↻

 聞こえてくる文を、〈too...to 構文〉に言い換えましょう。不定詞には「意味上の S」が必要なものがあります。

※日本語訳はわかりやすく「結果」の意味になっています。

🔊 Track No.
Unit 4.2

1） She's so busy that she can't help her son with his homework. (too)
  彼女はあまりに忙しく、息子の宿題を手伝ってあげられない。
  ➡ She's too busy to help her son with his homework.

2） He was so frightened that he couldn't say anything. (too)
  彼はあまりに怖がって一言も発することができなかった。
  ➡ He was too frightened to say anything.

3） My dog was barking so loud that I couldn't hear my boss's voice over the phone. (too)
  私の犬があまりに大きな声で吠えていて、私は電話ごしの上司の声が聞こえなかった。
  ➡ My dog was barking too loud for me to hear my boss's voice over the phone.

4） The construction work was so noisy that the students couldn't concentrate. (too)
  工事の音があまりにうるさくて、生徒たちは集中できなかった。

→ The construction work was too noisy for the students to concentrate.

5) The fog was so thick that the bus driver couldn't see ahead very well. (too)

霧があまりに濃かったため、バスの運転手はあまりよく前が見えなかった。

→ The fog was too thick for the bus driver to see ahead very well.

4.2.2 〈too...to〉構文・2

〈too...to 構文〉で、**タフ構文**（『英語のハノン／初級』16.6 参照）**と同じ「文の S」=「不定詞の O」**という関係が成り立つことがあります。この場合、「**不定詞の O」は省略**されます。また、不定詞の「意味上の S」が for us / for you / for them など「漠然とした人」の場合は、あえて明示しません。

A tiger is so dangerous that you can't keep it as a pet.
トラはあまりに危険でペットとして飼うことはできない。

→ A tiger is too dangerous to keep as a pet.

One-Step Drill ↷

聞こえてくる文を、不定詞の「意味上の S」は省略して、〈too...to 構文〉に言い換えましょう。

※日本語訳はわかりやすく「結果」の意味になっています。

**Track No.
Unit 4.3**

1) The book is so difficult that they can't understand it. (too)
その本は難しすぎて理解できない。

→ The book is too difficult to understand.

2) The ice on the pond is so thin that you can't walk on it. (too)
その池の氷はあまりに薄く、その上は歩けない。

　　➡　　The ice on the pond is too thin to walk on.
3） Greek is so hard that we can't master it. (too)
　　ギリシャ語は難しすぎてマスターできない。
　　➡　　Greek is too hard to master.
4） This problem is so complicated that we can't solve it easily. (too)
　　この問題は複雑すぎて簡単には解決できない。
　　➡　　This problem is too complicated to solve easily.
5） That mountain road is so treacherous that you can't drive on it. (too)
　　その山道はあまりに危険で車で通れない。
　　➡　　That mountain road is too treacherous to drive on.

4.2.3 〈too...to〉構文・3

〈too...to 構文〉で、タフ構文と同じ「文の S」＝「不定詞の O」という関係が成り立つとき、**不定詞の「意味上の S」が明示**される場合は、「**不定詞の O**」は残しても、省略してもかまいません。

This material is so hard that he can't break it.
この物質はあまりに固くて彼には壊せない。

O を残す
This material is too hard for him to break it.
O を省略する
This material is too hard for him to break.

このドリルでは、O を残した形と O を省略した形、両方を練習しましょう。

Two-Step Drill 🡒🡒

聞こえてくる文を、〈too...to 構文〉で言い換えましょう。まず、「不定詞の O」を残す形、さらに「omit」と聞こえたら、「不定詞の O」を省略する形で言いましょう。

※日本語訳はわかりやすく「結果」の意味になっています。

((• Track No.
Unit 4.4 •))

1) This curry is so spicy that kids can't eat it. (too)
   このカレーは辛すぎて子どもたちには食べられない。
   ➡ This curry is too spicy for kids to eat it. (omit)
   ➡ This curry is too spicy for kids to eat.

2) This question was so difficult that most students couldn't answer it. (too)
   この質問は難しすぎてほとんどの生徒たちは答えられなかった。
   ➡ This question was too difficult for most students to answer it. (omit)
   ➡ This question was too difficult for most students to answer.

3) The bag was so heavy that she couldn't carry it by herself. (too)
   そのカバンは重たすぎて彼女は一人では運べなかった。
   ➡ The bag was too heavy for her to carry it by herself. (omit)
   ➡ The bag was too heavy for her to carry by herself.

4) The champion was so strong that the challenger couldn't beat him. (too)
   チャンピオンはあまりに強く、チャレンジャーは勝てなかった。
   ➡ The champion was too strong for the challenger to beat him. (omit)
   ➡ The champion was too strong for the challenger to beat.

5) The object moved so rapidly that the researchers couldn't identify it. (too)
   その物体はあまりに速く動いて、研究者たちはそれを特定できなかった。

➡　The object moved too rapidly for the researchers to identify it.
(omit)

➡　The object moved too rapidly for the researchers to identify.

Unit 5
接続詞（5）名詞節を導く that

Unit 1 で学んだように、接続詞の役割は副詞節を作ることですが、名詞節「も」作ることができる接続詞があります。that と whether と if です。

5.1　名詞節を導く that・S になる ....

that は「〜ということ」という意味の**名詞節**を導くことができます。名詞のカタマリなのですから、S になることができます。

<u>That science has brought us great benefits</u> <u>can't be denied</u>.
　　　　　　　　S　　　　　　　　　　　　　　　　　V

科学がわれわれに大きな恩恵をもたらしたことは否めない。

このように that 節を S にすると、非常に堅く、フォーマルな印象を与えます。話し言葉では、次のように「**仮 S・真 S」構文**にするのがふつうです。また、「仮 S・真 S」構文を作る that は、口語ではしばしば省略されます。

<u>It</u> <u>can't be denied</u> (that) <u>science has brought us great benefits</u>.
仮S　　　V　　　　　　　　　　　真S

次のドリルでは、「仮 S・真 S」構文のみで練習します。

Two-Step Drill 🔁 🔁

　聞こえてくる文を、続いて聞こえてくるフレーズで始まる「仮 S・真 S」構文で言い換えましょう。さらに、「omit」と聞こえたら、that を省略して言いましょう。

Track No.
Unit 5.1

1) He won't join our project. (It's a shame)
   彼は私たちのプロジェクトに参加しないだろう。
   ➡ It's a shame that he won't join our project. (omit)
   彼が私たちのプロジェクトに参加しないのは残念だ。
   ➡ It's a shame he won't join our project.

2) The CEO has resigned. (It's surprising)
   その CEO は辞職した。
   ➡ It's surprising that the CEO has resigned. (omit)
   その CEO が辞職したのは驚きだ。
   ➡ It's surprising the CEO has resigned.

3) The scandal will be hushed up. (It's highly probable)
   そのスキャンダルは隠蔽されるだろう。
   ➡ It's highly probable that the scandal will be hushed up. (omit)
   ほぼ確実にそのスキャンダルは隠蔽されてしまうだろう。
   ➡ It's highly probable the scandal will be hushed up.

4) They don't get along well. (It's a pity)
   彼らはうまくいかない。
   ➡ It's a pity that they don't get along well. (omit)
   彼らがうまくいかないのは残念だ。
   ➡ It's a pity they don't get along well.

5) We're now in a difficult situation. (It's clear)
   私たちは今難しい状況にいる。
   ➡ It's clear that we're now in a difficult situation. (omit)
   私たちが今難しい状況にいるのは明らかだ。
   ➡ It's clear we're now in a difficult situation.

5.2　名詞節を導く that・C になる ⋯⋯⋯⋯⋯⋯⋯⋯⋯⋯⋯⋯⋯⋯⋯

　that が導く名詞節は、もちろん C として働くことができます。名詞節を導く that が C を作る場合、口語では that はしばしば省略されます。

<u>The fact</u> <u>is</u> <u>(that) this place used to be a battlefield.</u>
　　S　　 V　　　　　　　　C

事実は、この場所がかつて戦場だったということだ。

Two-Step Drill ⤵ ⤵

　聞こえてくる文を、続いて聞こえてくるフレーズで始まる文に言い換えましょう。that 節を C として使います。さらに、「omit」と聞こえたら、that を省略して言いましょう。

(Track No.
  Unit 5.2)

1）　He won't join our project. (The trouble is)
　　彼は私たちのプロジェクトに参加しないだろう。
　　➡　The trouble is that he won't join our project. (omit)
　　　　問題は彼が私たちのプロジェクトに参加しないことだ。
　　➡　The trouble is he won't join our project.

2）　The CEO has resigned. (The point is)
　　その CEO は辞職した。
　　➡　The point is that the CEO has resigned. (omit)
　　　　要は、その CEO は辞職したということだ。
　　➡　The point is the CEO has resigned.

3）　The scandal will be hushed up. (The chances are)
　　そのスキャンダルは隠蔽されてしまうだろう。
　　➡　The chances are that the scandal will be hushed up. (omit)
　　　　おそらくそのスキャンダルは隠蔽されてしまうだろう。
　　➡　The chances are the scandal will be hushed up.

4)　They don't get along well. (The problem is)

　　彼らはうまくいかない。

　➡　The problem is that they don't get along well. (omit)

　　　問題は彼らがうまくいかないということだ。

　➡　The problem is they don't get along well.

5)　We're now in a difficult situation. (The reality is)

　　私たちは難しい状況にいる。

　➡　The reality is that we're now in a difficult situation. (omit)

　　　現実は私たちが今難しい状況にいるということだ。

　➡　The reality is we're now in a difficult situation.

5.3　名詞節を導く that・O になる

5.3.1　名詞節を導く that・O になる・1

　that が導く名詞節は、もちろん O として働くことができます。名詞節を導く that が O を作る場合、口語では that はしばしば省略されます。

> I believe (that) science has brought us great benefits.
> S　V　　　　　　　　　　O

　私は科学がわれわれに大きな恩恵をもたらしたことを信じる（もたらしたと信じる）。

Two-Step Drill ↰ ↰

　聞こえてくる文を、続いて聞こえてくるフレーズで始まる文に言い換えましょう。that 節を O として使います。さらに、「omit」と聞こえたら、that を省略して言いましょう。

Track No.
Unit 5.3

1） He won't join our project. (I suppose)
彼は私たちのプロジェクトに参加しないだろう。

➡　I suppose that he won't join our project. (omit)
　　彼は私たちのプロジェクトに参加しないと思う。

➡　　I suppose he won't join our project.

2） The CEO has resigned. (They say)
その CEO は辞職した。

➡　They say that the CEO has resigned. (omit)
　　その CEO が辞職したそうだ。

➡　They say the CEO has resigned.

3） The scandal will be hushed up. (I bet)
そのスキャンダルは隠蔽されるだろう。

➡　I bet that the scandal will be hushed up. (omit)
　　そのスキャンダルは隠蔽されるにちがいない。

➡　I bet the scandal will be hushed up.

4） They don't get along well. (I know)
彼らはうまくいかない。

➡　I know that they don't get along well. (omit)
　　私は彼らはうまくいかないことを知っている。

➡　I know they don't get along well.

5） We're now in a difficult situation. (We should remember)
私たちは今難しい状況にいる。

➡　We should remember that we're now in a difficult situation.
　　(omit)
　　私たちは今難しい状況にいることを覚えていないといけない。

➡　We should remember we're now in a difficult situation.

5.3.2

「仮 O・真 O」構文の真 O として **that 節**を使うことができます。ただし、その場合は that は省略できません。

I think it clear that science has brought us great benefits.
S　V　仮O　C　　　　　　　　　　真O

私は科学がわれわれに大きな恩恵をもたらしたことを自明だと思う。

One-Step Drill 🔁

聞こえてくる文を、続いて聞こえてくるフレーズで始まる「仮 O・真 O」構文で言い換えましょう。

((Track No. Unit 5.4))

1） He won't join our project. (We find it regrettable)
   彼は私たちのプロジェクトに参加しないだろう。
   ➡ We find it regrettable that he won't join our project.
     彼が私たちのプロジェクトに参加しないのは残念だ。

2） The CEO has resigned. (People find it surprising)
   その CEO は辞職した。
   ➡ People find it surprising that the CEO has resigned.
     人々はその CEO が辞職したことを驚きに思っている。

3） The scandal will be hushed up. (I think it probable)
   そのスキャンダルは隠蔽されるだろう。
   ➡ I think it probable that the scandal will be hushed up.
     おそらくそのスキャンダルは隠蔽されるだろう。

4） They don't get along well. (I find it weird)
   彼らはうまくいかない。
   ➡ I find it weird that they don't get along well.
     彼らがうまくいかないのはおかしいと思う。

5) We're now in a difficult situation. (We should keep it in mind)

私たちは今難しい状況にいる。

➡ We should keep it in mind that we're now in a difficult situation.

私たちが今難しい状況にいることを心にとどめておくべきだ。

Unit 6
接続詞（6）名詞節を導く whether / if

　that 以外に、whether と if も、名詞節を導くことができます。ただし、接続詞の主な役割は副詞節を作ることですので、まずそれらの副詞節としての用法を確認しておきましょう。

·························· **whether / if が副詞節を導く場合**··························

　副詞節として用いるなら、**whether** は「〜であれ〜であれ」という「**譲歩**」、if は「もし S が V すれば」という「**条件**」や「たとえ S が V しても」という「**譲歩**」の意味を表します。

● whether　譲歩

　　<u>We'll go</u> <u>camping</u> <u>whether it rains or not</u>.
　　　S　　V　　M　　　　　　M

　雨が降っても降らなくても、私たちはキャンプに行く。

　　<u>Whether it rains or not</u>, <u>we'll go</u> <u>camping</u>.
　　　　　M　　　　　　　　　　S　　V　　M

　譲歩も条件の一種ですから、「**時または条件を表す副詞節の中では、未来のことでも現在時制を使う**」というルールに従って、whether 節の中は現在形になっています。

●if・1　条件（Unit 1 / 1.2 参照）

We won't go camping if it rains.
 S　　V　　　　　M　　　M

雨が降ったら、私たちはキャンプに行かない。

If it rains, we won't go camping.
 M　　　　　　S　　V　　　　M

「時や条件を表す副詞節の中では、未来のことでも現在時制を使う」 という
ルールに従って、if 節の中は現在形になっています。

●if・2　譲歩（Unit 1 / 1.3 参照）

We'll go camping even if it rains.
 S　　V　　　　M　　　　M

たとえ雨が降っても、私たちはキャンプに行く。

Even if it rains, we'll go camping.
 M　　　　　　　S　　V　　　　M

　if が「譲歩」の副詞節を導く場合は、even if とすることがほとんどです。また、
譲歩の whether 節同様、一種の条件となりますので、**「時や条件を表す副詞節
の中では、未来のことでも現在時制を使う」** というルールに従って、even if 節の
中は現在形になっています。

6.1　whether / if が名詞節を導く場合・S になる ················

whether と if は、ともに「〜かどうかということ」という意味の**名詞節**を作ることができます。

> Do you know <u>whether he'll be on campus tomorrow</u>?
> Do you know <u>if he'll be on campus tomorrow</u>?

どちらも「あなたは彼が明日大学にいるかどうか知っていますか？」という意味で、whether 節、if 節ともに「彼が明日大学にいるかどうかということ」という名詞節を作っています（厳密には、whether は二者択一のニュアンスを含むため、「彼が明日大学にいるのか、それともいないのかということ」という意味になります）。

下線部ではともに、未来形が使われていることにも注意してください。「ここまで未来のことでも現在時制を使ってきたのに」と思われるかもしれません。しかし、それはあくまで「**時や条件を表す副詞節**」に関するルールです。そのルールが適用されていないことが、これらの節が副詞節ではない証拠です。そもそも、これらを M とした場合、他動詞の know が O を伴っていない不完全な文になってしまいます。つまり、ここでの whether 節と if 節は、know の O になっている名詞節だということです。

ただし、whether と比べて、if には非常に多くの語法上の制約があります。まず、if に導かれた名詞節は、S になることができません。**S になれるのは、whether 節のみ**です。

> <u>Whether Shakespeare really wrote that play</u> <u>still</u> <u>remains</u> <u>a mystery</u>.
> 　　　　　　　S　　　　　　　　　　　　　　　M　　V　　　C

本当にシェイクスピアがその戯曲を書いたのか、それとも書いていないのかは、いまだに謎のままである。

whether 節を S にするとフォーマルに聞こえるため、「仮 S・真 S」構文にする

のがふつうです。

<u>It</u> <u>still</u> <u>remains</u> <u>a mystery</u> <u>whether Shakespeare really wrote that play</u>.
　仮S　M　　V　　　　C　　　　　　　　　　　　　　真S

次のように、if 節を S にすることはできませんので、注意してください。

If Shakespeare really wrote that play still remains a mystery. (×)

It still remains a mystery if Shakespeare really wrote that play. (×)

※「仮 S・真 S」構文における真 S になら、if 節の使用は可とされることもありますが、不自然さを
　感じる英語ネイティブも多いため、whether を使うようにしましょう。

Two-Step Drill 🔁 🔁

　聞こえてくる文を、続いて聞こえてくるフレーズで始まる文に言い換えましょ
う。whether を使った「仮 S・真 S」構文を作ります。さらに、whether 節を文頭
に置いて言い換えましょう。話法が「直接話法」から「間接話法」に変わるため、
whether 節の中の語順が平叙文（普通の文）になることにも注意してください（話
法については Unit 9 で詳しく学びます）。

((• Track No.
Unit 6.1 •))

1） Will he take our side? (It's uncertain)

　　彼は私たちの側につくでしょうか？

　➡　It's uncertain whether he'll take our side. (change)

　　　彼が私たちの側につくのか、それともつかないのかはわからない。

　➡　Whether he'll take our side is uncertain.

2） Are UFOs real? (It's long been debated)

　　UFO は実在するのでしょうか？

　➡　It's long been debated whether UFOs are real. (change)

　　　UFO が実在するのか、それともしないのかが、長年論争されてき
　　　た。

　→　Whether UFOs are real has long been debated.

3)　Will our team win? (It isn't important)

　　私たちのチームは勝てるでしょうか？

　→　It isn't important whether our team will win. (change)

　　私たちのチームが勝てるのか、それとも勝てないのかは重要ではない。

　→　Whether our team will win isn't important.

4)　Is sending troops overseas constitutional? (It's unclear)

　　海外に派兵することは合憲ですか？

　→　It's unclear whether sending troops overseas is constitutional. (change)

　　海外に派兵することが合憲なのか、それとも合憲でないかは明確ではない。

　→　Whether sending troops overseas is constitutional is unclear.

5)　Do these supplements help prevent dementia? (It's doubtful)

　　これらのサプリメントは認知症の予防に役立ちますか？

　→　It's doubtful whether these supplements help prevent dementia. (change)

　　これらのサプリメントが認知症の予防に役立つのか、それとも役立たないかは疑わしい。

　→　Whether these supplements help prevent dementia is doubtful.

6.2　whether / if が名詞節を導く場合・相関句としての or not

　名詞節を導く whether には二者択一の意味があり、相関的に **or not** を取ります（or not を使わなくてもかまいませんが、言外にそのニュアンスが含まれます）。**or not は、whether 節の末尾か whether の直後**に置かれます。一方、名詞節を導く if には二者択一の意味はなく、or not は使えません。

Whether Shakespeare really wrote that play <u>or not</u> still remains a mystery.

Whether <u>or not</u> Shakespeare really wrote that play still remains a mystery.

It still remains a mystery whether Shakespeare really wrote that play <u>or not</u>.

It still remains a mystery whether <u>or not</u> Shakespeare really wrote that play.

Four-Step Drill

聞こえてくる文を、まず「仮 S・真 S」構文で言い換えましょう。次に or not を文末、さらに whether の直後に置き換え、最後にもう一度 whether 節を文頭に戻して言いましょう。

(Track No.
Unit 6.2)

1）Whether the patient has an underlying disease is quite important. (It's quite important)

その患者に基礎疾患があるのか、それともないのかは、とても重要である。

➡ It's quite important whether the patient has an underlying disease. (or not)

➡ It's quite important whether the patient has an underlying disease or not. (whether or not)

➡ It's quite important whether or not the patient has an underlying disease. (change)

➡ Whether or not the patient has an underlying disease is quite important.

2) Whether the vaccine is effective against cancer is our biggest concern.
(It's our biggest concern)
そのワクチンがガンに有効なのか、それとも有効でないのかが、私たち
の最大の関心事である。

➡ It's our biggest concern whether the vaccine is effective against cancer. (or not)

➡ It's our biggest concern whether the vaccine is effective against cancer or not. (whether or not)

➡ It's our biggest concern whether or not the vaccine is effective against cancer. (change)

➡ Whether or not the vaccine is effective against cancer is our biggest concern.

3) Whether the company's plan will come to fruition is debatable. (It's debatable)
その会社の計画が実を結ぶか、それとも実を結ばないかは議論の余地
がある。

➡ It's debatable whether the company's plan will come to fruition. (or not)

➡ It's debatable whether the company's plan will come to fruition or not. (whether or not)

➡ It's debatable whether or not the company's plan will come to fruition. (change)

➡ Whether or not the company's plan will come to fruition is debatable.

4) Whether this is a real Picasso painting is a mystery. (It's a mystery)
これがピカソの真作であるのか、それとも真作でないのかは謎だ。

➡ It's a mystery whether this is a real Picasso painting. (or not)

➡ It's a mystery whether this is a real Picasso painting or not. (whether or not)

➡ It's a mystery whether or not this is a real Picasso painting. (change)

→ Whether or not this is a real Picasso painting is a mystery.

5) Whether the plan is feasible is quite unclear. (It's quite unclear)

その計画が実行可能なのか、それともそうではないのかはまったくはっきりしない。

→ It's quite unclear whether the plan is feasible. (or not)

→ It's quite unclear whether the plan is feasible or not. (whether or not)

→ It's quite unclear whether or not the plan is feasible. (change)

→ Whether or not the plan is feasible is quite unclear.

6.3 whether / if が名詞節を導く場合・主格補語（第 2 文型の C）になる ·········

主格補語とは「主語と同格の補語」、すなわち「**第 2 文型の C**」のことです（第 2 文型では「S ＝ C」の関係が成り立ちます）。if 節はふつう主格補語にはなれません。

<u>The problem</u> <u>is</u> <u>whether we can keep it within the budget</u>.
    S   V   C

問題はわれわれが予算内に収められるか、それとも収められないかだ。

The problem is if we can keep it within the budget. (×)

※一部、主格補語での if 節の使用が認められる場合がありますが、不自然さを感じる英語ネイティブも多いため、whether を使うようにしましょう。

Three-Step Drill ↷ ↷ ↷

聞こえてくる文を、続いて聞こえてくるフレーズで始まる文に言い換えましょう。whether 節が主格補語（第 2 文型の C）になります。さらに or not を whether 節の末尾に置き、最後に whether の直後に置いて言い換えましょう。また、whether 節の中の語順が平叙文（普通の文）になることにも注意してください。

((Track No. Unit 6.3))

1） Will he take our side? (Our concern is)
　　彼は私たちの側につくでしょうか？

➡　Our concern is whether he'll take our side. (or not)
　　私たちの関心事は彼が私たちの側につくのか、それともつかないのかだ。

➡　Our concern is whether he'll take our side or not. (whether or not)

➡　Our concern is whether or not he'll take our side.

2） Is she telling the truth? (The point is)
　　彼女は本当のことを言っていますか？

➡　The point is whether she's telling the truth. (or not)
　　重要なポイントは彼女が本当のことを言っているのか、それともいないのかだ。

➡　The point is whether she's telling the truth or not. (whether or not)

➡　The point is whether or not she's telling the truth.

3） Should we follow his advice? (My question is)
　　私たちは彼のアドバイスに従うべきでしょうか？

➡　My question is whether we should follow his advice. (or not)
　　私の質問は私たちが彼のアドバイスに従うべきなのか、それとも従うべきでないのかだ。

➡　My question is whether we should follow his advice or not. (whether or not)

➡　My question is whether or not we should follow his advice.

4） Do these supplements help prevent dementia? (My concern is)
　　これらのサプリメントは認知症の予防に役立ちますか？

➡ My concern is whether these supplements help prevent dementia. (or not)
私の心配はこれらのサプリメントが認知症の予防に役立つのか、それとも役立たないのかだ。

➡ My concern is whether these supplements help prevent dementia or not. (whether or not)

➡ My concern is whether or not these supplements help prevent dementia.

5) Is sending troops overseas constitutional? (Today's theme is)
海外に派兵することは合憲ですか？

➡ Today's theme is whether sending troops overseas is constitutional. (or not)
今日のテーマは海外に派兵することが合憲なのか、それとも合憲でないのかだ。

➡ Today's theme is whether sending troops overseas is constitutional or not. (whether or not)

➡ Today's theme is whether or not sending troops overseas is constitutional.

6.4 whether / if が名詞節を導く場合・O になる

6.4.1 if が名詞節を導く場合・O になる

if 節は他動詞の O になることができます。

<u>I</u> <u>wonder</u> <u>if he'll come</u>.
S　V　　O

彼は来るのかしら。

I doubt if he'll come.
S　　V　　　O

彼は来るのかしら。

　wonder も doubt も「疑問」を表しますが、**doubt は否定的なニュアンスを持**ちます。訳は同じ「彼は来るのかしら」でも、doubt なら話者は「来ないだろう」と思っていることがわかります。

One-Step Drill

　聞こえてくる文を、続いて聞こえてくるフレーズで始まる文に言い換えましょう。if 節を目的語節とした文を作りましょう。if 節の中の語順が平叙文（普通の文）になることにも注意してください。

Track No.
Unit 6.4

1） Will she like my present? (I wonder)
　　彼女は私のプレゼントを気に入ってくれるでしょうか？
　　➡　I wonder if she'll like my present.
　　　　彼女は私のプレゼントを気に入ってくれるかしら。

2） Can he make it? (I doubt)
　　彼はうまくやれますか？
　　➡　I doubt if he can make it.
　　　　彼はうまくやれるかしら。

3） Is she really going to run for mayor? (I wonder)
　　彼女は本当に市長に立候補するのですか？
　　➡　I wonder if she's really going to run for mayor.
　　　　彼女は本当に市長に立候補するのかしら。

4） Does this medicine really work? (I doubt)
　　この薬は本当に効きますか？
　　➡　I doubt if this medicine really works.
　　　　この薬は本当に効くのかしら。

5） Is acupuncture painful? (I wonder)
　鍼は痛いですか？

➡　I wonder if acupuncture is painful.
　　鍼は痛いのかしら。

6.4.2　whether が名詞節を導く場合・O になる（1）

whether 節も、他動詞の O になることができます。

whether を使うと、if の軽い感じに対して、「来るのか、それとも来ないのか」という二者択一の意味になります。

I wonder whether he'll come.
S　V　　　　　O

彼は来るのだろうか、それとも来ないのだろうか。

I doubt whether he'll come.
S　V　　　　　O

彼は来るのだろうか、それとも来ないのだろうか。

もちろん、次のように or not を使うこともできます。

I wonder whether he'll come or not.
I wonder whether or not he'll come.

or not を伴うときは、if は使えません。

Three-Step Drill 🔁 🔁 🔁

聞こえてくる文を、whether を使って言い換えましょう。　次に or not をwhether 節の末尾に置いて言い換え、最後に or not を whether の直後に動かして言い換えましょう。

Track No.
Unit 6.5

1) I want to know if he's innocent. (whether)
彼が無実かどうか知りたい。
   ➡ I want to know whether he's innocent. (or not)
   私は彼が無実なのか、それとも無実ではないのか知りたい。
   ➡ I want to know whether he's innocent or not. (whether or not)
   ➡ I want to know whether or not he's innocent.

2) Tell me if you're coming. (whether)
来るのかどうか教えてください。
   ➡ Tell me whether you're coming. (or not)
   来るのか、それとも来ないのか教えてください。
   ➡ Tell me whether you're coming or not. (whether or not)
   ➡ Tell me whether or not you're coming.

3) Decide if you agree. (whether)
同意するかどうか決めてください。
   ➡ Decide whether you agree. (or not)
   同意するのか、それともしないのか決めてください。
   ➡ Decide whether you agree or not. (whether or not)
   ➡ Decide whether or not you agree.

4) We'll see if he can achieve his quota. (whether)
彼がノルマを達成できるか様子を見よう。
   ➡ We'll see whether he can achieve his quota. (or not)
   彼がノルマを達成できるか、それともできないのか、様子を見よう。
   ➡ We'll see whether he can achieve his quota or not. (whether or not)
   ➡ We'll see whether or not he can achieve his quota.

5) Let's check if this translation is correct. (whether)
この翻訳が正しいのかどうかチェックしましょう。
   ➡ Let's check whether this translation is correct. (or not)
   この翻訳が正しいか、それとも正しくないのか、チェックしましょう。

→ Let's check whether this translation is correct or not. (whether or not)

→ Let's check whether or not this translation is correct.

6.4.3 whether が名詞節を導く場合・O になる(2)

前置詞の O になれるのは **whether 節**だけです(if 節はなれません)。

I'm worried about whether Mark will come.
マークが来るのか、それとも来ないのか心配だ。

I'm worried about if Mark will come.(×)

Three-Step Drill ↱ ↱ ↱

聞こえてくる文を、続いて聞こえてくるフレーズで始まる文に言い換えましょう。次に or not を whether 節の末尾に置いて言い換え、最後に or not を whether の直後に動かして言い換えましょう。whether 節の中の語順が平叙文(普通の文)になることにも注意してください。

((• Track No.
Unit 6.6 •))

1) Did he like the movie? (I'm curious about)
彼はその映画が気に入りましたか?
→ I'm curious about whether he liked the movie. (or not)
私は彼がその映画を気に入ったのか、それとも気に入らなかったのか知りたい。
→ I'm curious about whether he liked the movie or not. (whether or not)
→ I'm curious about whether or not he liked the movie.

2) Is this medicine effective? (I'm interested in)
この薬は効きますか?

➡ I'm interested in whether this medicine is effective. (or not)
この薬が効くのか、それとも効かないのか興味がある。

➡ I'm interested in whether this medicine is effective or not. (whether or not)

➡ I'm interested in whether or not this medicine is effective.

3) Does this product contain allergens? (Please look into)
アレルギー物質は含まれていますか？

➡ Please look into whether this product contains allergens. (or not)
アレルギー物質が含まれているのか、それとも含まれていないのか調べてください。

➡ Please look into whether this product contains allergens or not. (whether or not)

➡ Please look into whether or not this product contains allergens.

4) Are you ready to get your hands dirty? (Success depends on)
本気でやる準備はできていますか？

➡ Success depends on whether you're ready to get your hands dirty. (or not)
成功はあなたが本気でやる準備ができているか、それともできていないのかにかかっている。

➡ Success depends on whether you're ready to get your hands dirty or not. (whether or not)

➡ Success depends on whether or not you're ready to get your hands dirty.

5) Should we accept him as a new member? (Let's talk about)
私たちは彼を新しいメンバーとして受け入れるべきですか？

➡ Let's talk about whether we should accept him as a new member. (or not)
私たちが彼を新しいメンバーとして受け入れるべきか、それとも受け入れるべきでないのかについて話しましょう。

➡ Let's talk about whether we should accept him as a new member or not. (whether or not)

➡ Let's talk about whether or not we should accept him as a new member.

6.5 whether + to do

whether が to 不定詞を伴い、名詞句を作ることがあります。これは『英語の ハノン／初級』(13.5)で学んだ〈疑問詞＋ to do〉と同じ用法です。if にはこの用 法はありませんので、注意しましょう。また、この用法は、原則として主節の S と whether 節の S が同一である場合に限られます。

I have to decide whether I should accept his offer.
私は彼の申し出を受け入れるべきか、それとも受け入れるべきではない のか決めなければならない。
➡ I have to decide whether to accept his offer.

やはり、or not を相関的に取ることができます。

I have to decide whether to accept his offer or not.
I have to decide whether or not to accept his offer.

Three-Step Drill ⤴ ⤵ ⤴

聞こえてくる文の whether 節を〈whether ＋ to do〉で言い換えましょう。次に or not を〈whether ＋ to do〉の末尾に置いて言い換え、 最後に or not を whether の直後に動かして言い換えましょう。

((• Track No.
Unit 6.7 •))

1) I'm thinking about whether I should vote for him. (whether to)
私は彼に投票すべきか、すべきでないのか考えている。
➡ I'm thinking about whether to vote for him. (or not)

- ➡ I'm thinking about whether to vote for him or not. (whether or not)
- ➡ I'm thinking about whether or not to vote for him.

2）She didn't know whether she should tell the truth. (whether to)

彼女は本当のことを言うべきか、言うべきでないのかわからなかった。

- ➡ She didn't know whether to tell the truth. (or not)
- ➡ She didn't know whether to tell the truth or not. (whether or not)
- ➡ She didn't know whether or not to tell the truth.

3）Are you still worrying about whether you'll have a dental implant? (whether to)

歯をインプラントにするのか、しないのかまだ悩んでいるのですか？

- ➡ Are you still worrying about whether to have a dental implant? (or not)
- ➡ Are you still worrying about whether to have a dental implant or not? (whether or not)
- ➡ Are you still worrying about whether or not to have a dental implant?

4）We discussed whether we should expand our business overseas. (whether to)

私たちは事業を海外に拡大すべきか、すべきでないのか議論した。

- ➡ We discussed whether to expand our business overseas. (or not)
- ➡ We discussed whether to expand our business overseas or not. (whether or not)
- ➡ We discussed whether or not to expand our business overseas.

5）You can choose whether you'll continue working during pregnancy. (whether to)

あなたは妊娠中に仕事を続けるのか、続けないのか選ぶことができる。

- ➡ You can choose whether to continue working during pregnancy. (or not)
- ➡ You can choose whether to continue working during pregnancy or not. (whether or not)

➡ You can choose whether or not to continue working during pregnancy.

Unit 7
同格節

　接続詞の中で名詞節を導くことができるのは、that / whether / if ですが、さらにそのうち**同格節を導くことができるのは、that と whether のみ**です（if にはできません）。

7.1　同格節を導く that・1 ··

> Did you hear the news <u>that they got married</u>?
> 彼らが結婚したというニュースを聞きましたか？

　the news（ニュース）＝ that they got married（彼らが結婚したということ）という同格（イコール）の関係が成り立っています。このように、**直前の名詞と同格になる名詞節を「同格節」と呼びます**。同格の that は、慣用的に「〜という」と訳されますが、決して直前の名詞を修飾する形容詞節ではありません。**「すなわち〜ということ」**と、直前の名詞の内容を具体的に言い換える名詞節です。

　ただし、同格の that 節はどんな名詞の言い換えにも使えるわけではなく、おおむね以下の３つのグループの名詞に限られます。

·············· **同格の that 節を伴うことができる名詞** ··············

可能性・事実・発言
chance（見込み）、discovery（発見）、evidence（証拠）、fact（事実）、information（情報）、news（知らせ）、opinion（意見）、possibility（可能性）、theory（理論）、statement（発言）など

> **思考・感情・認識**
> awareness（認識）、belief（信念）、conviction（確信）、desire（願望）、doubt（疑い）、expectation（期待）、idea（考え）、impression（印象）、superstition（迷信）、thought（考え）など
> **決定・要求**
> agreement（同意）、conclusion（結論）、decision（決定）、demand（要求）、insistence（主張）、order（命令）、promise（約束）、proposal（申し出）、request（要求）、suggestion（提案）など

One-Step Drill ↻

聞こえてくる 2 つの文を、that で同格節を作り、1 文にしましょう。

**Track No.
Unit 7.1**

1) No one knows the fact. She graduated from Harvard University. (that)
   誰もその事実を知らない。彼女はハーバード大学卒だ。
   → No one knows the fact that she graduated from Harvard University.
   誰も彼女はハーバード大学卒だという事実を知らない。

2) I don't like the idea. Everything in life is predestined. (that)
   私はその考えが好きではない。人生のすべてはあらかじめ運命で決められている。
   → I don't like the idea that everything in life is predestined.
   私は人生のすべてはあらかじめ運命で決められているという考えが好きではない。

3) He finally made the decision. He'll live in Hawaii for the rest of his life. (that)
   彼はついにその決心をした。彼は残りの人生ハワイで生活をするだろう。

➡　　He finally made the decision that he'll live in Hawaii for the rest of his life.

　　彼はついに残りの人生ハワイで生活をするという決心をした。

4）　There is still a chance. She'll pass the audition. (that)

　　まだチャンスはある。彼女はオーディションに合格するだろう。

➡　　There is still a chance that she'll pass the audition.

　　彼女がオーディションに合格するチャンスはまだある。

5）　We have no doubt. Stella will adjust to her new job soon. (that)

　　私たちはその疑いを持っていない。ステラは新しい仕事にすぐ順応できる。

➡　　We have no doubt that Stella will adjust to her new job soon.

　　私たちはステラが新しい仕事にすぐ順応できるという（ことの）疑いを持っていない（すぐ順応できると確信している）。

7.2　同格節を導く that・2

S に同格節が含まれると、文構造が複雑になります。

The news <u>that they got married</u> surprised the world.

彼らが結婚したというニュースは世界を驚かせた。

One-Step Drill

聞こえてくる 2 つの文を、that で同格節を作り、1 文にしましょう。

Track No.
Unit 7.2

1）　The superstition is nonsense. Black cats bring bad luck. (that)

　　その迷信はナンセンスだ。黒猫は不幸を呼ぶ。

➡　　The superstition that black cats bring bad luck is nonsense.

　　黒猫は不幸を呼ぶという迷信はナンセンスだ。

2） The news was untrue. The celebrity couple broke up. (that)
   そのニュースはでたらめだった。その有名人同士の夫婦は別れた。
   ➡ The news that the celebrity couple broke up was untrue.
      その有名人同士の夫婦が別れたというニュースはでたらめだった。

3） My conviction has been shaken. He'll win. (that)
   私の確信は揺らいでいる。彼は勝つだろう。
   ➡ My conviction that he'll win has been shaken.
      彼は勝つだろうという私の確信は揺らいでいる。

4） The fact makes me happy. You're doing well. (that)
   その事実は私を幸せにする。あなたは元気にやっている。
   ➡ The fact that you're doing well makes me happy.
      あなたが元気にやっているという事実は私を幸せにする。

5） Your expectation is optimistic. They'll eliminate the deficit in one year. (that)
   あなたの期待は甘い。彼らは1年で赤字を解消するだろう。
   ➡ Your expectation that they'll eliminate the deficit in one year is optimistic.
      彼らが1年で赤字を解消するだろうというあなたの期待は甘い。

7.3 同格節を導く whether

7.3.1 同格節を導く whether・1

whether も同格節を導きます。

Can you answer the question whether this theory is widely accepted?
この学説が広く受け入れられているのか、それともいないのかという質問に答えることはできますか？

the question（質問）＝ whether this theory is widely accepted（この学説が広く受け入れられているのか、それともいないのかということ）という同格（イコール）の関

係が成り立っています。「すなわち〜かどうかということ」と、名詞の内容を具体的に言い換えているのです。

　同格の whether 節は、同格の that 節以上に、使える名詞が限られます。また、if は同格節を導くことができませんので、注意してください。

················ **同格の whether 節を伴うことができる名詞** ··················

choice（選択）、decision（決定）、doubt（疑い）、possibility（可能性）、question（質問、疑問）など

　ただし、whether で同格節を作る場合、as to（〜について）を伴うことがほとんどです。question には of（〜という）を使うこともあります。

　　Can you answer the question as to [of] whether this theory is widely accepted?

　このドリルでは、as to を使って練習します。

One-Step Drill 🔁

　聞こえてくる 2 つの文を、whether で同格節を作り、1 文にしましょう。その際、as to を使います。このドリルでは、whether 節に or not は使いませんが、必ず自分で文末と whether 直後に or not を置いて言い換える練習もしておきましょう。ただし、3) は A か B のどちらかという二択になっており、or not は使えません。

((Track No.))
Unit 7.3

1)　You must make the decision. Will you meet him halfway? (whether)
　　あなたは決断しなければならない。あなたは彼に妥協するのか?

→ You must make the decision as to whether you'll meet him halfway.

あなたは彼に妥協するのか、それともしないのかの決断をしなければならない。

2） I want to know the possibility. Will Paul take our side? (whether)

私は可能性を知りたい。ポールは私たちの側につくだろうか？

→ I want to know the possibility as to whether Paul will take our side.

ポールが私たちの側につくのか、それともつかないのかの可能性を知りたい。

3） You have the choice. Do you take face-to-face or online lessons? (whether)

あなたには選択権があります。あなたは対面授業を受けますか？ それともオンライン授業を受けますか？

→ You have the choice as to whether you take face-to-face or online lessons.

あなたには対面授業を受けるのか、それともオンライン授業を受けるのかの選択権がある。

4） Tammy has been delaying her decision. Will she accept the promotion? (whether)

タミーは決断を遅らせている。彼女はその昇進を受け入れますか？

→ Tammy has been delaying her decision as to whether she'll accept the promotion.

タミーはその昇進を受け入れるか、それとも受け入れないかの決断を遅らせている。

5） I can't get rid of the doubt. Will I be able to pass the bar exam? (whether)

私は疑念を払拭できない。私は司法試験に合格できるだろうか？

➡ I can't get rid of the doubt as to whether I'll be able to pass the bar exam.

私は司法試験に合格できるか、それともできないかという疑念を払拭できない。

第 2 部

より細かい
ニュアンスを
伝えられる
ようになる

Unit 8
過去完了形・未来完了形

完了形には、『英語のハノン／初級』の Unit 10、Unit 11 で学んだ現在完了形の他に、**過去完了形**と**未来完了形**があります。

....

過去完了形とは〈had + 過去分詞（p.p.）〉のことです。現在完了形では、話者の意識を「現在」に置きましたが、過去完了形ではこれが「**過去の一点**」に**移動**します。

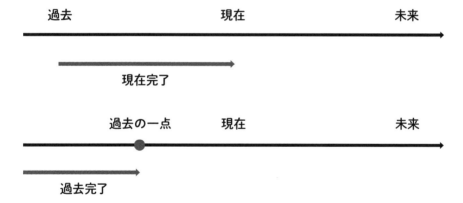

過去完了形の基本的な考え方は現在完了形とほぼ同じですので、現在完了形を正しく理解していればそれほど難しくありません。過去完了形には「**継続**」「**完了・結果**」「**経験**」に加え、「**大過去**」という用法があります。

未来完了形は〈will + have + 過去分詞（p.p.）〉です。話者の意識は「**未来の一点**」に置かれます。

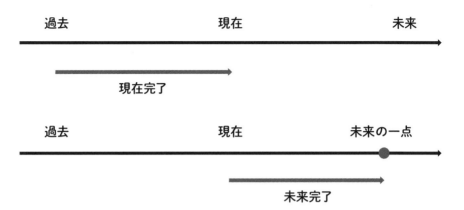

　過去完了形と同様、未来完了形の基本的な考え方も現在完了形とほぼ同じです。未来完了形にも「**継続**」「**完了・結果**」「**経験**」用法があります。

8.1　過去完了形（継続）‥‥‥‥‥‥‥‥‥‥‥‥‥‥‥‥‥‥‥‥‥‥‥‥‥‥

　現在完了形の継続用法が「（今まで）ある状態が継続していること」を表すのに対し、**過去完了形の継続用法**は「**（過去の一点まで）ある状態が継続していたこと**」を表します。また、やはり継続用法では、現在完了形と同様、主に**状態動詞**が使われます。あえて「今まで」ということを言及する必要のない現在完了形とは違い、過去完了形は「**過去のどの時点までなのか**」が明らかである場合に使われます。

> I <u>had been</u> in the waiting room for about an hour <u>until my name was</u> <u>finally called</u>.　　　　　　　　　　　　　　　　　　　　過去の一点
> 私の名前がついに呼ばれるまで待合室に1時間ほどいた。

　同じ文の中で言及されていなくても、**文脈上、過去のどの時点であるのか明らかな場合**は、過去完了形が使われます。

He was released from jail. He had been there for over ten years.
　　　過去の一点

彼は刑務所を出所した。彼はそこに 10 年以上いた。

He had been there for over ten years at that point.
　　　　　　　　　　　　　　　　　　　　　　　過去の一点

彼はそのとき（その時点で）そこに 10 年以上いた。

その状態が過去のどの時点まで継続していたかが明らかでない場合は、過去形を使います。過去完了形を使う間違いが多く見られるので注意しましょう。

I lived in Hawaii for three years. （○）
私は 3 年間ハワイに住んでいた。

I had lived in Hawaii for three years.（×）

主語が人称代名詞の場合、口語ではよく短縮形が使われます。

I had ➡ I'd
We had ➡ We'd
You had ➡ You'd
He had ➡ He'd
She had ➡ She'd
It had ➡ It'd
They had ➡ They'd

本書のドリル練習でも短縮形を使って練習します。

One-Step Drill

現在完了形の文に聞こえてくる節を加え、過去完了形の文にしましょう。

Track No. Unit 8.1

1) I've lived in Kobe for ten years. (before I moved to Kyoto)
   私は 10 年間神戸に住んでいる。
   ➡ I'd lived in Kobe for ten years before I moved to Kyoto.
   私は京都へ引っ越すまで 10 年間神戸に住んでいた。

2) He's been asleep for about eight hours. (when the alarm clock went off)
   彼は 8 時間ほど寝ている。
   ➡ He'd been asleep for about eight hours when the alarm clock went off.
   彼は目覚まし時計が鳴ったとき（それまでに）8 時間ほど寝ていた。

3) I've believed the theory for years. (until it was proved to be wrong)
   私はその理論を何年も信じている。
   ➡ I'd believed the theory for years until it was proved to be wrong.
   私はその理論が間違っていると証明されるまで何年も信じていた。

4) The man has been a real-estate tycoon for decades. (until he retired)
   その男は何十年も不動産王であり続けている。
   ➡ The man had been a real-estate tycoon for decades until he retired.
   その男は引退するまで何十年も不動産王であり続けた。

5) The girl has wanted the violin for months. (when her mother finally bought it for her)
   その女の子はそのバイオリンを何か月も欲しがっている。
   ➡ The girl had wanted the violin for months when her mother finally bought it for her.
   母親がついに買ってあげるまでその女の子は何か月もそのバイオリンを欲しがっていた。

8.2 過去完了進行形 ···

「(過去の一点まで) ある動作が継続していたこと」は、**過去完了進行形**で表します。 過去完了進行形は〈had + been + 〜ing〉です。

One-Step Drill 🔁

現在完了進行形の文を、聞こえてくる節を加え、過去完了進行形の文にしましょう。

((Track No.
Unit 8.2))

1) They've been arguing for hours. (until they finally made up)
  彼らは何時間も議論し続けている。
  ➡ They'd been arguing for hours until they finally made up.
    彼らはついに仲直りするまで議論し続けた。

2) She's been talking with her friend for a while. (before the class started)
  彼女は友達としばらく話している。
  ➡ She'd been talking with her friend for a while before the class started.
    彼女は授業が始まる前友達としばらく話していた。

3) I've been waiting for him for over half an hour. (when he finally came)
  私は彼を 30 分以上待っている。
  ➡ I'd been waiting for him for over half an hour when he finally came.
    彼がとうとう現れたとき私は (それまで) 30 分以上待っていた。

4) I've been hanging out with friends for hours. (until the cafe closed)
  私は友だちと何時間も一緒に過ごしている。
  ➡ I'd been hanging out with friends for hours until the cafe closed.
    私はそのカフェが閉まるまで友だちと何時間も一緒に過ごした。

5) The singer has been struggling for years. (before he finally found success)

その歌手は長年苦労し続けている。

➡ The singer had been struggling for years before he finally found success.

その歌手は成功するまで長年苦労し続けた。

8.3 過去完了形（完了・結果）

過去完了形の完了用法は「（過去の一点までに）ある行動が完了していること」を表します。過去完了形の結果用法も完了用法と同様の意味合いを持ちますが、「その結果、どうなっているか」により焦点が当たっています。

I'd already finished the task before the teacher returned to the classroom.〈完了用法〉
過去の一点

先生が教室に戻って来るまでに私はすでにその課題を終えていた。

The train had already left when he got to the station.〈結果用法〉
過去の一点

彼が駅に着いたときその電車はすでに出発していた（その結果もう駅には電車が停まっていなかった）。

One-Step Drill

現在完了形の文に聞こえてくる節を加え、過去完了形の文にしましょう。

Track No.
Unit 8.3

1) The show has already started. (when we arrived at the hall)
そのショーはすでに始まっていた。

➡ The show had already started when we arrived at the hall.
私たちがホールに着いたときそのショーはすでに始まっていた。

2） I've already gotten home. (by the time the heavy rain started)
   私はすでに家に着いている。

   ➡ I'd already gotten home by the time the heavy rain started.
      強い雨が降り始めるまでに私はすでに家に着いていた。
      ※by the time は「～する時までに」という意味の接続詞です。

3） The plane has already taken off. (when she got to the airport)
   その飛行機はすでに離陸した。

   ➡ The plane had already taken off when she got to the airport.
      彼女が空港へ着いたときその飛行機はすでに離陸していた。

4） She's already submitted the draft. (before she found the typo)
   彼女はすでに原稿を提出している。

   ➡ She'd already submitted the draft before she found the typo.
      彼女は打ち間違いに気づく前にすでに原稿を提出していた。

5） The new humidifier has already been installed. (when he went back to the office)
   その新しい加湿器はすでに設置されている。

   ➡ The new humidifier had already been installed when he went back to the office.
      彼がオフィスに戻ったときその新しい加湿器はすでに設置されていた。

8.4 過去完了形（経験） ···

過去完了形の「経験」用法とは、「（過去の一点までに）ある行動を経験したことがある」ことを表すものです。

One-Step Drill 🔁

現在完了形の文に聞こえてくる節を加え、過去完了形の文にしましょう。

Track No.
Unit 8.4

1） He's met Carry several times. (before he was officially introduced to her)

彼はキャリーに何度か会ったことがある。

→ He'd met Carry several times before he was officially introduced to her.

彼は正式にキャリーに紹介される前に何度か会ったことがあった。

2） I've never eaten crocodile meat. (until I visited Sydney)

私はワニの肉を食べたことがない。

→ I'd never eaten crocodile meat until I visited Sydney.

私はシドニーに行くまでワニの肉を食べたことがなかった。

3） She's been to the World Heritage Site. (before it was finally closed to the public)

彼女はその世界遺産へ行ったことがある。

→ She'd been to the World Heritage Site before it was finally closed to the public.

彼女はその世界遺産が閉鎖される前に行ったことがあった。

4） The computer system has been hacked a few times. (before the security program was installed)

そのコンピュータシステムは何度かハッキングされたことがある。

→ The computer system had been hacked a few times before the security program was installed.

そのコンピュータシステムはセキュリティープログラムが導入される前に何度かハッキングされたことがあった。

5） My daughter has never seen a lion. (until we took her to the zoo this summer)

私の娘は一度もライオンを見たことがない。

→ My daughter had never seen a lion until we took her to the zoo this summer.

私たちがこの夏動物園に連れて行くまで娘は一度もライオンを見たことがなかった。

8.5　過去完了形（大過去）......................................

　過去完了形が、「過去の一点」よりもさらに古い「大過去の一点」を表すことがあります。大過去は「時の一点」を指し、「期間」を表す完了形（現在完了形・過去完了形・未来完了形）の中では、唯一特殊な時制の用法です。

　たとえば、次の英文を見てください。

> He <u>says</u> (that) he <u>wanted</u> to see you.
> 彼はあなたに会いたかったと言っています。

　主節は現在形、that 節は過去形です。このまま、主節の時制を過去形にスライドさせた場合、that 節の時制は過去よりもさらに古い時制、つまり大過去にならなければなりません。

> He <u>said</u> (that) he <u>had wanted</u> to see you.
> 彼はあなたに会いたかったと言っていました。

> I <u>think</u> (that) the reservation <u>was canceled</u> yesterday.
> 私はその予約は昨日キャンセルされたと思う。

> I <u>thought</u> (that) the reservation <u>had been canceled</u> the day before.
> 私はその予約は前日にキャンセルされたと思った。

　実際には、文中の過去完了形が「大過去」を表すのか「継続」「完了・結果」「経験」を表すのかはあいまいなことも多く、その場合は文脈で判断することになります。

I noticed (that) they <u>had removed</u> the statue from the town square.
私は彼らが町の広場から彫像を撤去したことに気づいた。〈大過去〉
私は彼らが町の広場から彫像を撤去してしまった（撤去し終えた）ことに気づいた。〈完了〉

　また、before や after などの接続詞が使われるなど、時の前後関係が明白な場合、しばしば大過去は過去形で表現されます。

He got to the station after the train <u>(had) left</u>.
電車が出てしまってから、彼は駅に着いた。

I <u>knew (had known)</u> that before you told me.
あなたが教えてくれる前から、私はそのことを知っていましたよ。

Two-Step Drill ↵ ↵

　過去形の文を、聞こえてくる過去形のフレーズから始まる文の that 節にして文を作りましょう。その際、元の文は過去完了形に変えます。次に that を省略して言いましょう。

（Track No. Unit 8.5）

1）The event was finally canceled. (I heard)
　そのイベントはついに中止になった。
　➡　I heard that the event had finally been canceled. (omit)
　　　私はそのイベントがついに中止になったと聞いた。
　➡　I heard the event had finally been canceled.
2）They changed the wallpaper in the room. (I didn't notice)
　彼らは部屋の壁紙を変えた。

➡ I didn't notice that they'd changed the wallpaper in the room. (omit)

私は彼らが部屋の壁紙を変えたことに気づかなかった。

➡ I didn't notice they'd changed the wallpaper in the room.

3) She defeated her rival in the last game. (I heard)

前回の試合で彼女はライバルに勝った。

➡ I heard that she'd defeated her rival in the last game. (omit)

私は前回の試合で彼女がライバルに勝ったと聞いた。

➡ I heard she'd defeated her rival in the last game.

4) Bob really did his homework himself. (The teacher didn't believe)

ボブは本当に自分で宿題をやった。

➡ The teacher didn't believe that Bob had really done his homework himself. (omit)

先生はボブが本当に自分で宿題をやったとは信じなかった。

➡ The teacher didn't believe Bob had really done his homework himself.

5) Serena got the employee of the year award. (I didn't know)

セリーナは年間最優秀社員賞を獲得した。

➡ I didn't know that Serena had gotten the employee of the year award. (omit)

私はセリーナが年間最優秀社員賞を獲得したのを知らなかった。

➡ I didn't know Serena had gotten the employee of the year award.

8.6 未来完了形（継続）

未来完了形の継続用法は「（未来の一点まで）ある状態が継続しているであろうこと」を表します。未来完了形は「未来のどの時点までなのか」が明らかである場合に使われます。

状態動詞には**未来完了形**、動作動詞には**未来完了進行形**〈will + have + been +〜ing〉を用います。

We'<u>ll have been</u> in Mexico for two years <u>in April.</u>〈状態動詞〉
未来の一点

私たちは4月でメキシコに2年いることになる。

I'<u>ll have been walking</u> for over an hour <u>by the time I reach my destination.</u>〈動作動詞〉
未来の一点
目的地に着くころまでには、私は1時間以上歩いていることになる。

　ここで、by the time 節の中の時制が現在形（reach）になっていることに注意してください。「時や条件を表す副詞節の中では、単純未来の will は使わず現在時制にする」というルールに従っています（1.2 参照）。

One-Step Drill 🔁

　現在完了形や現在完了進行形の文に聞こえてくる句や節を加え、未来完了形の文にしましょう。

🔊 Track No.
Unit 8.6

1)　We've been married for 10 years. (next month)
　　私たちは結婚して10年経ちます。
　　➡　We'll have been married for 10 years next month.
　　　　来月で私たちは結婚して10年経つことになる。

2)　Mika has been running this inn for 20 years. (next month)
　　ミカはこの宿を20年間経営している。
　　➡　Mika will have been running this inn for 20 years next month.
　　　　来月でミカはこの宿を20年間経営していることになる。

3)　He's been in the lab for over 8 hours. (by the time he finishes the experiment)
　　彼は実験室に8時間以上いる。

→ He'll have been in the lab for over 8 hours by the time he finishes the experiment.

実験が終わるころまでには、彼は実験室に 8 時間以上いることになる。

4) I've been with this company for 30 years. (next April)

私はこの会社に 30 年間勤めている。

→ I'll have been with this company for 30 years next April.

次の 4 月で私はこの会社に 30 年間勤めていることになる。

5) Jimmie has been driving for five hours. (when he arrives at his uncle's)

ジミーは車を 5 時間運転している。

→ Jimmie will have been driving for five hours when he arrives at his uncle's.

叔父の家に着くころには、ジミーは車を 5 時間運転していることになる。

8.7 未来完了形（完了・結果）

未来完了形の完了用法は「（未来の一点までに）ある行動が完了していること」を表します。未来完了形の結果用法も完了用法と同様の意味合いを持ちますが、「その結果、どうなっているか」により焦点が当たっています。

The match <u>will have already finished</u> <u>by the time my father comes back home</u>.〈完了用法〉
　　　　　　　　　　　　　　　　　　　　　　未来の一点
父親が帰宅するまでには、その試合は終わっているだろう。

Unfortunately, the 10:15 train <u>will have already left</u> <u>when you get to the station</u>.〈結果用法〉
　　　　　　　　　　　　　　　　　　　　　　　　　　　未来の一点
残念ながら、駅に着くころには 10 時 15 分発の電車はすでに出発しているだろう（その結果もう駅には電車が停まっていないだろう）。

One-Step Drill 🎤

現在完了形の文に聞こえてくる句や節を加え、未来完了形の文にしましょう。

🔊 Track No.
Unit 8.7

1） We've already finished dinner. (when he joins us)
　　私たちはすでに夕食を終えた。
　　➡　We'll have already finished dinner when he joins us.
　　　　彼が参加するころには、私たちはすでに夕食を終えているだろう。

2） The projector has been fixed. (before the next class)
　　そのプロジェクターは修理された（修理済みだ）。
　　➡　The projector will have been fixed before the next class.
　　　　次のクラスまでにそのプロジェクターは修理されているだろう。

3） My cell phone battery has run out. (by the time I get home)
　　私の携帯電話のバッテリーは切れた。
　　➡　My cell phone battery will have run out by the time I get home.
　　　　帰宅するころまでには、私の携帯電話のバッテリーは切れているだろう。

4） The cheesecakes at the shop have sold out. (at around noon)
　　その店のチーズケーキは売り切れた。
　　➡　The cheesecakes at the shop will have sold out at around noon.
　　　　正午ごろにはその店のチーズケーキは売り切れているだろう。

5） I've already done the dishes. (by the time my favorite TV show starts)
　　私はすでに皿洗いをした（し終えた）。
　　➡　I'll have already done the dishes by the time my favorite TV show starts.
　　　　私の好きなテレビ番組が始まるころまでには、私はすでに皿洗いをし終えているだろう。

8.8 未来完了形（経験）··

　未来完了形の「経験」用法とは、「（未来の一点までに）ある行動を経験したことがある」ことを表すものです。この用法では if 節が副詞節になる場合が多く、if 節で表される「今後起こりうること」が、未来完了形に必要な「未来の一点」になります。

　　We'll <u>have won</u> the championship four times <u>if we beat them today</u>.
　　　　　　　　　　　　　　　　　　　　　　　今後起こりうること（未来の一点）

　　今日彼らに勝てば、私たちはその選手権に 4 回勝ったことになる。

　ただし、未来完了形の経験用法が実際に書かれたり、話されたりすることはなく、次のように表現するのがふつうです（したがって、本書でもドリルは行いません）。

　　It'll be our fourth time to win the championship if we beat them today.

Unit 9
間接話法

「話法」には「直接話法」と「間接話法」があります。**直接話法とは、セリフをそのまま引用する話法、間接話法とは、セリフの直接引用を避ける話法**です。

　英語に限らず、すべての言語において、直接話法は子供っぽい話法で、知識人が使うことは避けるべきとされます。知識人としての英語、教養ある英語を使うためには、間接話法をマスターしなければなりません。

9.1　セリフが平叙文の場合の間接話法 ·······················

接続詞の that を使って言い換えます。目的語節を導くため、口語ではしばしば省略されます（5.3.1 参照）。

> He said, "I'm very busy today."
> 彼は「今日私はとても忙しいんです」と言った。
> ➡ He said (that) he was very busy that day.
> 彼はその日は自分はとても忙しいのだと言った。
>
> He said to me, "I'm very busy today."
> 彼は私に「今日私はとても忙しいんです」と言った。
> ➡ He told me (that) he was very busy that day.
> 彼は私にその日は自分はとても忙しいのだと言った。

この際、以下の点に注意してください。

1. 適切な伝達動詞を選ぶ。
2. 時制を一致させる。
3. 被伝達部分の人称代名詞や指示代名詞、副詞・副詞句を適切なものに変

える。

1. 適切な伝達動詞を選ぶ。

伝達動詞とは、間接話法で使う動詞のことです。セリフが平叙文の場合、伝達動詞の代表格は say と tell ですが、その他、次のような動詞がよく使われます。

say 型　V + that 節
admit（認める）、announce（発表する）、complain（不平を言う）、confess（告白する）、explain（説明する ）、mention（言及する）、remark（述べる）、repeat（繰り返す）、report（報告する）、state（述べる）

tell 型　V + O + that 節
inform（伝える）

2. 時制を一致させる。

伝達動詞が過去形の場合、**that 節の中の時制**をそれに合わせなければなりません。ただし、被伝達部分（セリフ部分）の内容が、「**普遍の真理**」や「**一般的事実**」、「**今も続いていること**」や「**習慣的な行為**」である場合は、時制の一致が適用されない**ことがあります。

　　　He said, "There is no gravity in space."
　　　彼は「宇宙空間に重力はない」と言った。
➡　　He said (that) there is no gravity in space.
　　　彼は宇宙空間に重力はないのだと言った。

　　　She said to me, "I like English very much."
　　　彼女は私に「私は英語が大好きです」と言った。
➡　　She told me (that) she likes English very much.
　　　彼女は私に自分は英語が大好きだと言った。

3. **被伝達部分の人称代名詞や指示代名詞、副詞・副詞句を適切なものに変える。**

話法を転換するときには、以下のような語句が変わることにも注意します。

直接話法	間接話法
this	that
these	those
here	there
now	then
ago	before
today	that day
tonight	that night
yesterday	the day before / the previous day
tomorrow	the next day / the following day
last week	the week before / the previous week
next week	the next week / the following week

　原則としては上記のようになりますが、これらが当てはまらない場合もあります。たとえば、元の発言とまだ同じ場所にいるときは、here を there に変えずに here のまま使ったり、同じ日の発言であれば、today を that day に変えずに today のまま使ったりします。状況に応じて臨機応変に判断しましょう。この本のドリルでは、上記の原則に従って話法を転換する練習をします。

　　　He said, "I'll stay here today."
　　　彼は「私は今日ここに滞在する」と言った。
➡　　He said (that) he would stay there that day. （元の発言と違う場所、違う日の場合）
　　　彼はその日そこに滞在するのだと言った。
➡　　He said (that) he would stay here that day. (元の発言と同じ場所、違う日の場合)
　　　彼はその日ここに滞在するのだと言った。

➡ He said (that) he would stay there today. (元の発言と違う場所、同じ日の場合)
彼は今日そこに滞在するのだと言った。

➡ He said (that) he would stay here today. (元の発言と同じ場所、同じ日の場合)
彼は今日ここに滞在するのだと言った。

Two-Step Drill ↻ ↻

聞こえてくる直接話法の文を、間接話法で言い換えましょう。最初は that を使い、次に that を省略します。

((• Track No.
Unit 9.1 •))

1) She said, "I'm overwhelmed by the students' enthusiasm." (change)
彼女は「私は生徒たちの熱心さに圧倒されている」と言った。

➡ She said that she was overwhelmed by the students' enthusiasm.
(omit)
彼女は生徒たちの熱心さに圧倒されているのだと言った。

➡ She said she was overwhelmed by the students' enthusiasm.

2) He said to me, "I'm going to meet your father tonight." (change)
彼は私に「今晩あなたのお父さんに会うつもりだ」と言った。

➡ He told me that he was going to meet my father that night. (omit)
彼は私にその日の晩私の父親に会うつもりだと言った。

➡ He told me he was going to meet my father that night.

3) Jackson said, "I'll never forget this day." (change)
ジャクソンは「この日のことを決して忘れない」と言った。

➡ Jackson said that he'd never forget that day. (omit)
ジャクソンはその日のことを決して忘れないと言った。

➡ Jackson said he'd never forget that day.

4) You said to me, "I'm glad to be here." (change)
あなたは私に「ここにいることができて幸せだ」と言った。

➡ You told me that you were glad to be there. (omit)
　あなたは私にそこにいることができて幸せだと言った。

➡ You told me you were glad to be there.

5) Mary said, "I've lived in this town for many years." (change)
　メアリーは「私は長年この町に住んでいる」と言った。

➡ Mary said that she'd lived in that town for many years. (omit)
　メアリーは長年その町に住んでいるのだと言った。

➡ Mary said she'd lived in that town for many years.

9.2 セリフが Yes/No 疑問文の場合の間接話法

セリフが Yes/No 疑問文の場合は、**ask（たずねる）**を伝達動詞に、**接続詞の whether/ if** を使って間接話法にします。6.4 で学んだ whether/ if が名詞節を導く用法です。

She said, "Is he OK?"
彼女は「彼は大丈夫？」と言った。

➡ She asked if [whether] he was OK.
　彼女は彼が大丈夫かたずねた。

He said to me, "Are you available on Fridays?"
彼は私に「金曜日は都合がいい？」と言った。

➡ He asked me if [whether] I was available on Fridays.
　彼は私に金曜日は都合がいいかたずねた。

慣用的には if が使われますが、二者択一の意味を強めたいときは、whether を使ってもかまいません。セリフが疑問文の場合、**間接話法では、被伝達部分が平叙文になる（疑問文の語順ではなくなる）ことに注意が必要**です。また、必要に応じて、時制を一致させたり、人称代名詞・指示代名詞、副詞・副詞句を適切なものに変えたりすることも忘れないでください。

Four-Step Drill ⤴ ⤴ ⤴ ⤴

聞こえてくる直接話法の文を、ask を伝達動詞に、接続詞の if と whether を使って間接話法で言い換えましょう。 さらに or not を文末に置くパターン、whether 直後に置くパターンで言い換えましょう。

🔊 Track No.
Unit 9.2 🔊

1) The woman said, "Is this product made in Japan?" (if)
その女性は「この製品は日本製ですか？」と言った。
➡ The woman asked if that product was made in Japan. (whether)
その女性はその製品が日本製かをたずねた。
➡ The woman asked whether that product was made in Japan. (or not)
その女性はその製品が日本製か、それとも日本製ではないのかたずねた。
➡ The woman asked whether that product was made in Japan or not. (whether or not)
➡ The woman asked whether or not that product was made in Japan.

2) She said to him, "Can you cover my shift tonight?" (if)
彼女は彼に「今夜シフトを代わってくれない？」と言った。
➡ She asked him if he could cover her shift that night. (whether)
彼女は彼にその夜シフトを代われるかたずねた。
➡ She asked him whether he could cover her shift that night. (or not)
彼女は彼にその夜シフトを代われるのか、それとも代われないのかたずねた。
➡ She asked him whether he could cover her shift that night or not. (whether or not)
➡ She asked him whether or not he could cover her shift that night.

3）He said, "Does Tracy know my address?" (if)

　　彼は「トレイシーは私の住所を知っていますか？」と言った。

➡　He asked if Tracy knew his address. (whether)

　　彼はトレイシーが彼の住所を知っているかたずねた。

➡　He asked whether Tracy knew his address. (or not)

　　彼はトレイシーが彼の住所を知っているのか、それとも知らないのかたずねた。

➡　He asked whether Tracy knew his address or not. (whether or not)

➡　He asked whether or not Tracy knew his address.

4）The museum staff said to her, "Do you have a ticket?" (if)

　　博物館のスタッフは彼女に「チケットはお持ちですか？」と言った。

➡　The museum staff asked her if she had a ticket. (whether)

　　博物館のスタッフは彼女にチケットを持っているかたずねた。

➡　The museum staff asked her whether she had a ticket. (or not)

　　博物館のスタッフは彼女にチケットを持っているのか、それとも持っていないのかたずねた。

➡　The museum staff asked her whether she had a ticket or not. (whether or not)

➡　The museum staff asked her whether or not she had a ticket.

5）Nick said to me, "Can I use a dictionary in today's exam?" (if)

　　ニックは私に「今日の試験では辞書を使っていいですか？」と言った。

➡　Nick asked me if he could use a dictionary in that day's exam. (whether)

　　ニックは私にその日の試験で辞書を使っていいのかをたずねた。

➡　Nick asked me whether he could use a dictionary in that day's exam. (or not)

　　ニックは私にその日の試験で辞書を使っていいのか、それとも使ってはいけないのかをたずねた。

➡　Nick asked me whether he could use a dictionary in that day's exam or not. (whether or not)

➡　Nick asked me whether or not he could use a dictionary in that day's exam.

9.3　セリフが wh- 疑問文の場合の間接話法 ·················

セリフが wh- 疑問文の場合は、**ask** を伝達動詞に、**疑問詞**をそのまま使って間接話法にします。

She said, "What can I do to reduce food loss?"
彼女は「フードロスを減らすために私は何ができますか？」と言った。
➡　She asked what she could do to reduce food loss.
彼女はフードロスを減らすために何ができるのかたずねた。

He said to me, "Where are you going?"
彼は私に「どこに行くの？」と言った。
➡　He asked me where I was going.
彼は私にどこに行くのかたずねた。

ここでも、**被伝達部分が平叙文になる**（疑問文の語順ではなくなる）ことに**注意が必要**です。また、必要に応じて、時制を一致させたり、人称代名詞・指示代名詞、副詞・副詞句を適切なものに変えたりすることも忘れないでください。

One-Step Drill 🔁

聞こえてくる直接話法の文を、ask を伝達動詞に、間接話法で言い換えましょう。

🔊 Track No.
Unit 9.3 🔊

1）The boy said, "Where are my shoes?" (change)
その男の子は「僕の靴はどこ？」と言った。

➡ The boy asked where his shoes were.
　その男の子は靴がどこにあるのかたずねた。

2) She said to me, "How can I get the online ticket?" (change)
彼女は私に「どのようにしてそのオンラインチケットを買えばいいの?」と言った。

➡ She asked me how she could get the online ticket.
　彼女は私にどのようにしてそのオンラインチケットを買えばいいのかたずねた。

3) The man said, "Whose umbrella is this?" (change)
その男性は「これは誰の傘?」と言った。

➡ The man asked whose umbrella that was.
　その男性はそれが誰の傘かたずねた。

4) He said to me, "What do you have in your hand?" (change)
彼は私に「手に何を持っているの?」と言った。

➡ He asked me what I had in my hand.
　彼は私に手に何を持っているのかたずねた。

5) The woman said, "Who is in charge of this department?" (change)
その女性は「誰がこの部署の責任者なの?」と言った。

➡ The woman asked who was in charge of that department.
　その女性は誰がその部署の責任者なのかたずねた。

9.4 セリフが命令文の場合の間接話法 ·····························

　セリフが命令文の場合は、**tell** を伝達動詞に、被伝達部分の内容は、**不定詞の名詞的用法**を使って表します。これは第 5 文型で、to 不定詞を C に取る形です。『英語のハノン／初級』の Unit 5(5.2 参照)をしっかり復習して、ドリルに取り組みましょう。

　強い命令である場合は **order**、助言や忠告である場合は **advise**、警告である場合は **warn** など、ニュアンスによってさまざまな伝達動詞が使われます。

He said to me, "Be quiet."

彼は私に「静かにしろ」と言った。

➡ He told me to be quiet.

彼は私に静かにするように言った。

否定の命令文の場合は、不定詞を否定形にします。

He said to me, "Don't be late for class."

彼は私に「授業に遅れるな」と言った。

➡ He told me not to be late for class.

彼は私に授業に遅れないように言った。

命令の内容は、should や must などでも表現されます。

He said to me, "You should follow her advice."

彼は私に「あなたは彼女のアドバイスに従うべきだ」と言った。

もちろん、これを次の (A) のように that を使って間接話法にすることもできますが、(B) のように不定詞で言い換えてもかまいません。

(A) He told me that I should follow her advice.

彼は私に彼女のアドバイスに従うべきだと言った。

(B) He told me to follow her advice.

彼は私に彼女のアドバイスに従うようにと言った。

否定文の場合も同様です。

He said to me, "You shouldn't follow her advice."

彼は私に「あなたは彼女のアドバイスに従うべきではない」と言った。

(A) He told me that I shouldn't follow her advice.

彼は私に彼女のアドバイスに従うべきではないと言った。

（B）He told me not to follow her advice.

彼は私に彼女のアドバイスに従わないようにと言った。

One-Step Drill ⤵

聞こえてくる直接話法の文を、続いて聞こえてくる動詞を使い、不定詞で間接
話法に言い換えましょう。

((• Track No.
Unit 9.4 •))

1） Liam said to me, "Take your medicine." (tell)
リアムは私に「薬を飲みなさい」と言った。
　➡ 　Liam told me to take my medicine.
　　　リアムは私に薬を飲むように言った。

2） Matt said to me, "Don't trust her." (tell)
マットは私に「彼女を信じるな」と言った。
　➡ 　Matt told me not to trust her.
　　　マットは私に彼女を信じないように言った。

3） The police officer said to the man, "Get down on the ground." (order)
その警官は男性に「地面に伏せろ」と言った。
　➡ 　The police officer ordered the man to get down on the ground.
　　　その警官は男性に地面に伏せるように命令した。

4） Ellie said to me, "You should change your password." (advise)
エリーは私に「パスワードを変えるべきだ」と言った。
　➡ 　Ellie advised me to change my password.
　　　エリーは私にパスワードを変えるようにアドバイスした。

5） The lifeguard said to the surfers, "Stay out of the water." (warn)
ライフガードはサーファーたちに「海に入ってはいけない」と言った。
　➡ 　The lifeguard warned the surfers to stay out of the water.
　　　ライフガードはサーファーたちに海に入らないように警告した。

9.5 セリフが依頼文の場合の間接話法 ·····························

セリフが依頼文の場合は、**ask** を伝達動詞に、被伝達部分の内容は、**不定詞の名詞的用法**を使って表します。ここでの ask は「頼む」の意味になります。

> I said to him, "Please wait a second."
> 私は彼に「少し待ってください」と言った。
> ➡ I asked him to wait a second.
> 私は彼に少し待つように頼んだ。

否定の依頼文の場合は、不定詞を否定形にします。

> She said to me, "Please don't tell anyone."
> 彼女は私に「誰にも言わないでください」と言った。
> ➡ She asked me not to tell anyone.
> 彼女は私に誰にも言わないよう頼んだ。

『英語のハノン／初級』でも学んだように (12.2 参照)、please をつけても命令文であることに変わりはなく、**please が使われるのは「言われた人には言われた内容を行う義務がある」**ときに限られます。ですから、駅への道を教えてほしいとき、通りすがりの人に "Please tell me the way to the station." と言うのは失礼で、"Can you tell me the way to the station?" などとすべきです。間接話法にすると、同じ〈ask ＋ O ＋ to do〉となりますが、上級者になれば、直接話法で please を使うときには、十分に気をつけましょう。

> I said to him, "Can you tell me the way to the station?"
> 私は彼に「駅への道を教えてもらえますか？」と言った。
> ➡ I asked him to tell me the way to the station.
> 私は彼に駅への道を教えてくれるよう頼んだ。

kindly (親切にも) という副詞を添えると、もっと丁寧に頼んだニュアンスが出ま

す。

I asked him to kindly tell me the way to the station.

もちろん、ask を「たずねる」の意味にして、次のように言うこともできます。

I asked him if he could tell me the way to the station.
私は彼に駅への道を教えてくれるかたずねた。

以下のドリルでは、すべて不定詞を使って練習しましょう。

One-Step Drill

聞こえてくる直接話法の文を、ask を伝達動詞に、不定詞を使って間接話法に言い換えましょう。

**Track No.
Unit 9.5**

1）She said to him, "Please shut the door." (change)
彼女は彼に「ドアを閉めてください」と言った。
➡ She asked him to shut the door.
彼女は彼にドアを閉めるよう頼んだ。

2）I said to Martin, "Please don't make any noise." (change)
私はマーティンに「騒音を出さないでください」と言った。
➡ I asked Martin not to make any noise.
私はマーティンに騒音を出さないよう頼んだ。

3）He said to me, "Can you call me later?" (change)
彼は私に「あとで電話をくれますか？」と言った。
➡ He asked me to call him later.
彼は私にあとで電話をするよう頼んだ。

4）Debbie said to me, "Please clear the table." (change)
デビーは私に「テーブルを片付けてください」と言った。

➡ Debbie asked me to clear the table.

デビーは私にテーブルを片づけるよう頼んだ。

5） The security guard said to the visitors, "Please don't run up the stairs." (change)

その警備員は訪問者たちに「階段をかけ上がらないでください」と言った。

➡ The security guard asked the visitors not to run up the stairs.

その警備員は訪問者たちに階段をかけ上がらないよう頼んだ。

Unit 10
疑問詞節

10.1　疑問詞が導く名詞節・1 ···································

　間接話法ではなくても、**疑問詞が導く節は、必ず名詞節**になります。**間接話法同様、名詞節は平叙文の語順である**（疑問文の語順ではない）**ことに注意**しましょう。

I don't know how much the renovation will cost.
S　V　　　　　　　O

私はその改修がいくらかかるのかわからない。

The important thing is what he can do for our company.
　　　　S　　　　　V　　　　　　C

大事なのは彼が私たちの会社に何ができるのかということだ。

One-Step Drill ↻

　聞こえてくる疑問文を、続いて聞こえてくるフレーズから始まる文の目的語か補語（名詞節）とする文に言い換えましょう。

((• Track No.
Unit 10.1 •))

1）　What do you mean? (I know)
　　どういう意味ですか？
　　➡　I know what you mean.
　　　　あなたの言うこと（の意味）はわかる。

2) How can we reduce CO_2 emissions? (Our concern is)
   私たちはどのようにすれば二酸化炭素の排出を減らすことができるだろう？

   ➡ Our concern is how we can reduce CO_2 emissions.
      私たちの関心事はどのようにすれば二酸化炭素の排出を減らすことができるかということだ。

3) Why won't social inequalities disappear? (I wonder)
   なぜ社会的格差はなくならないのですか？

   ➡ I wonder why social inequalities won't disappear.
      なぜ社会的格差はなくならないのだろうかと思う。

4) When will he start up his business? (We're interested in)
   彼は新規事業をいつ始めるのですか？

   ➡ We're interested in when he'll start up his business.
      私たちは彼がいつ新規事業を始めるかに興味がある。

5) Who attended the reception? (She has to write down)
   誰がその祝賀会に出席したのですか？

   ➡ She has to write down who attended the reception.
      彼女は誰がその祝賀会に出席したのか書き留めておかなければならない。

10.2 疑問詞が導く名詞節・2 ……………………………

<u>What you study at college</u> <u>is</u> <u>up to you</u>.
          S   V   M

大学で何を学ぶかはあなた次第だ。

「仮S・真S」構文で言い換えることもできます。

<u>It's</u> <u>up to you</u> <u>what you study at college</u>.
仮S V   M   真S

Two-Step Drill 🎵 🎵

　聞こえてくる文の文頭に、続いて聞こえてくる文を加え「仮S・真S」構文を作りましょう。さらに、疑問詞節をSとする文に言い換えましょう。

((🔊 Track No. Unit 10.2 🔊))

1) How did the thief sneak into the office? (It's under investigation)
その窃盗犯はどのようにして会社に忍び込んだのだろう?

　➡　It's under investigation how the thief sneaked into the office. (change)
その窃盗犯がどのようにして会社に忍び込んだのかは調査中だ。

　➡　How the thief sneaked into the office is under investigation.

2) Which car should she get? (It's obvious)
彼女はどちらの車を買うべきでしょうか?

　➡　It's obvious which car she should get. (change)
彼女がどちらの車を買うべきかは明らかだ。

　➡　Which car she should get is obvious.

3) What did Derek say? (It makes no sense)
デレクは何と言ったのですか?

　➡　It makes no sense what Derek said. (change)
デレクが言ったことは理解できない。

　➡　What Derek said makes no sense.

4) How did she come up with the theory? (It's not known)
彼女はどのようにしてその理論を考えついたのか?

　➡　It's not known how she came up with the theory. (change)
彼女がどのようにしてその理論を考えついたのかは知られていない。

　➡　How she came up with the theory is not known.

5) What language do you study at college? (It's your choice)
大学で何語を勉強するのですか?

> ➡ It's your choice what language you study at college. (change)
> 大学で何語を勉強するかはあなたが決めることだ。
> ➡ What language you study at college is your choice.

10.3 同格節を導く疑問詞 ⋯⋯⋯⋯⋯⋯⋯⋯⋯⋯⋯⋯⋯⋯⋯⋯⋯⋯

接続詞の中で同格節を作ることができるのは that と whether のみでしたが（Unit 7 参照）、**疑問詞も同格節を導く**ことができます。ただし、疑問詞節と同格になる名詞は、idea か question であることが多く、さらに同格の whether 同様、**as to**（～について）を伴います。**疑問詞節の中の語順が平叙文になる**（疑問文の語順ではなくなる）ことにも気をつけましょう。

10.3.1　idea

> The idea as to how we can find new customers needs further discussion.
> どうすれば私たちが新しい顧客を得ることができるかという考えは、さらなる議論が必要だ。

idea が have の目的語になるときは、of（～という）を使うこともあります。

> I have an idea as to [of] why he did such a thing.
> なぜ彼がそんなことをしたのか私にはわかる。

ただし、no idea / any idea が have の目的語になる場合だけは、as to / of を使わずにつなぐのが慣用的です。

> I have no idea why he did such a thing.
> なぜ彼がそんなことをしたのか私にはわからない。

I don't have any idea why he did such a thing.
なぜ彼がそんなことをしたのか私にはまったくわからない。

Do you have any idea why he did such a thing?
なぜ彼がそんなことをしたのかわかりますか？

One-Step Drill

　聞こえてくる2つの文を、同格節を用いて1つの文にしましょう。その際、as to を使いますが、no idea と any idea が have の目的語になる場合は、as to は使わずにつなぎます。

(Track No. Unit 10.3)

1）I have no idea. How can I help him? (change)
　　私はわからない。どうやって彼を助ければいいのだろうか？
　　➡　I have no idea how I can help him.
　　　　どうやって彼を助ければいいのか、私にはわからない。

2）Do you have any idea? Why is the stock market so bullish now? (change)
　　わかりますか？　なぜ今株式市場はそんなに強気なのでしょうか？
　　➡　Do you have any idea why the stock market is so bullish now?
　　　　なぜ今株式市場はそんなに強気なのか、わかりますか？

3）I have a pretty good idea. Where is she? (change)
　　だいたい察しはついている。彼女はどこにいるの？
　　➡　I have a pretty good idea as to where she is.
　　　　彼女がどこにいるのか、だいたい察しはついている。
　　　　※このように be 動詞で文が終わる場合、主語が人称代名詞でも短縮形は使いません。

4）Let me tell you my idea. Where should we open our new branch? (change)
　　私の考えを伝えさせてください。私たちは新しい支店をどこに出すべきか？

➡ Let me tell you my idea as to where we should open our new branch.

私たちが新しい支店をどこに出すべきか、私の考えを伝えさせてください。

5) Any idea is welcome. What sales strategy is best for this book? (change)

どんな考えも歓迎する。どんな販売戦略がこの本にとってベストだろうか？

➡ Any idea as to what sales strategy is best for this book is welcome.

どんな販売戦略がこの本にとってベストかというどんな考えも歓迎する。

10.3.2 question

question に同格の疑問詞節が続く場合も、**as to**（～について）が使われます。

He raised the question as to who should succeed the prime minister.

彼は誰が後任の首相になるべきかという問題を提起した。

of（～という）を使うこともできますが、このドリルでは as to を使います。

One-Step Drill 🔄

聞こえてくる2つの文を、同格節を用いて1つの文にしましょう。その際、as to を使います。

🔊 Track No.
Unit 10.4 🔊

1) The question remains a mystery. Where did life come from? (change)

その問いは謎のままだ。生命はどこから生まれたのだろうか？

➡ The question as to where life came from remains a mystery.

どこから生命が生まれたかという問いは神秘のままだ。

2）　We should leave the question aside. Who is to blame? (change)

　　その質問は横に置くべきだ。誰が責めを負うべきだろうか？

➡　We should leave aside the question as to who is to blame.

　　誰が責めを負うべきかという質問は横に置くべきだ。

　　※leave O aside「～を横に置く」は、ふつう O を挟み込みますが、O が長い場合は leave aside O の語順になります。

3）　The question is very difficult to answer. Where is American civilization heading? (change)

　　その問いに答えるのは難しい。アメリカ文明はどこへ行くのだろうか？

➡　The question as to where American civilization is heading is very difficult to answer.

　　アメリカ文明がどこに行くのかという問いに答えるのは難しい。

4）　The question will be answered by the staff. How can you renew the subscription? (change)

　　その質問はスタッフによって答えられるだろう。どうすれば定期購読を更新できるだろうか？

➡　The question as to how you can renew the subscription will be answered by the staff.

　　どうすれば定期購読を更新できるかという質問はスタッフによって答えられるだろう。

5）　The question still remains in her mind. When can she get a new job? (change)

　　その疑問がまだ彼女の心の中にある。彼女はいつ新しい仕事を得られるだろうか？

➡　The question as to when she can get a new job still remains in her mind.

　　いつ新しい仕事を得られるかという疑問がまだ彼女の心の中にある。

Unit 11
比較（1）原級

11.1　原級構文・1 ··

　Unit 11 のテーマは「**原級**」を使った**比較構文**です。2 人の人や 2 つのものを比べて、その性質や状態が「**同じくらい～だ**」と述べるときの表現です。〈as...as 構文〉として知られます。

　比較構文に関して一番大事なことは、「比較も複文だ」ということ、つまり、比較構文は 2 つの文をつないだものだということです。ただし、比較構文を作る際の必須の条件として、原則として、つなごうとする 2 文に「比較の基準」となる「共通の形容詞か副詞」がなければなりません。

　次の 2 つの文を見てください。

> He is tall.
> 彼は背が高い。
> I am tall.
> 私は背が高い。

　上の 2 文には、共通する形容詞として tall があります。これを変化させて as tall とします。ここで使う as は副詞です。さらに、接続詞の as を使って 2 文をつなぎます。このとき、「比較の基準」として as tall に変化させた共通の tall は、2 文目では削除します。

	He	is	as tall.
as	I	am	(tall).

　これで「彼は私と同じ背の高さだ」という原級構文ができました。このように縦に並べてみるのが、比較構文を理解するコツです。こうして、次のような比較

構文が出来上がります。

> He is as tall as I am.

原級構文の〈as + SV〉の中では、be 動詞の短縮形は使われません。

原級構文の〈as...as〉で使われる 2 つの as は、このようにそれぞれ品詞が異なります。とくに、2 つ目の as は本来は接続詞であるということを、しっかり理解しておきましょう。

ただし、話し言葉では、2 つ目の as を前置詞と見なして、次のように表現するのがふつうです（前置詞として使えないこともあります。11.2 参照）。

> He is as tall as me.

最後に、原級構文において、もっとも大切なことは、「形容詞［副詞］の変化形」──〈**as ＋形容詞［副詞］**〉こそが、その正体だということです。

また、**一般動詞**が使われる文では、〈as + SV〉の V が**助動詞 do, does, did**に変わることにも注意しましょう（これらの助動詞は省略できます）。

> Sofia runs as fast as her mother (does).
> ソフィアは彼女の母親と同じくらい速く走る。

Two-Step Drill 🔄 🔄

聞こえてくる 2 つの文を原級構文でつなぎましょう。次に、2 つ目の as を前置詞と見なして〈as ＋目的語〉で言い換えましょう。

Track No.
Unit 11.1

1) He's diligent. You're diligent. (as diligent)
彼は勤勉だ。あなたは勤勉だ。
- ➡ He's as diligent as you are. (change)
  彼はあなたと同じくらい勤勉だ。
- ➡ He's as diligent as you.

2) The material is fragile. Glass is fragile. (as fragile)
その物質はもろい。ガラスはもろい。
- ➡ The material is as fragile as glass is. (change)
  その物質はガラスと同じくらいもろい。
- ➡ The material is as fragile as glass.

3) Haru can dance well. I can dance well. (as well)
ハルは上手に踊れる。私は上手に踊れる。
- ➡ Haru can dance as well as I can. (change)
  ハルは私と同じくらい上手に踊れる。
- ➡ Haru can dance as well as me.

4) You speak English fluently. She speaks English fluently. (as fluently)
あなたは流暢に英語を話す。彼女は流暢に英語を話す。
- ➡ You speak English as fluently as she does. (change)
  あなたは彼女と同じくらい流暢に英語を話す。
- ➡ You speak English as fluently as her.

5) She speaks English fluently. She speaks French fluently. (as fluently)
彼女は流暢に英語を話す。彼女は流暢にフランス語を話す。
- ➡ She speaks English as fluently as she does French. (change)
  彼女はフランス語と同じくらい流暢に英語を話す。
- ➡ She speaks English as fluently as French.

11.2　原級構文・2 ···

〈as...as 構文〉を作る際、2 つ目の V の時制や助動詞が 1 つ目の V とは変わることがあります。この場合、2 つ目の as を前置詞として使うことはできません。

He's still as active as he was in his teens.
彼は 10 代のころそうだったのと同じくらい今でも活動的だ。

The weather tomorrow will be as fine as it is today.
明日の天気は今日と同じくらいいいだろう。

※as today とすることもできます。その場合は、副詞節の中の〈S + be〉の省略（1.8 参照）とも、out of here（ここから）や from behind the car（車の後ろから）のような「前置詞+副詞（句）」とも考えられます。

One-Step Drill ⤵

聞こえてくる 2 つの文を原級構文でつなぎましょう。

Track No.
Unit 11.2

1）　He's performing well. He performed well in the last skating competition. (as well)
彼はよい演技をしている。彼は前回のスケート競技でよい演技をした。
　➡　He's performing as well as he did in the last skating competition.
　　　彼は前回のスケート競技で演技をしたのと同じくらいよい演技をしている。

2）　She's tall. I was tall at that age. (as tall)
彼女は背が高かった。私はその年齢のとき背が高かった。
　➡　She's as tall as I was at that age.
　　　彼女は私がその年齢のときと同じくらいの背の高さだ。

3）I can be relaxed here. I'm relaxed at home. (as relaxed)

　私はここではくつろぐことができる。私は家でくつろぐ。

　　➡　I can be as relaxed here as I am at home.

　　　私は家でくつろぐように、ここではくつろぐことができる。

4）You have to stay focused. You stayed focused in the first match.
(as focused)

　あなたは集中を保たなければならない。第1マッチでは集中を保って
　いた。

　　➡　You have to stay as focused as you did in the first match.

　　　第1マッチで集中を保ったように、あなたは集中を保たなければな
　　　らない。

5）He plays soccer passionately. He played soccer passionately when he
was young. (as passionately)

　彼は熱心にサッカーをしている。彼は若いころ熱心にサッカーをしてい
　た。

　　➡　He plays soccer as passionately as he did when he was young.

　　　彼は若いころと同じように熱心にサッカーをしている。

11.3　as +形容詞+ (a/an) +名詞 ·······························

　〈a/an +形容詞+名詞〉を原級構文にする場合、〈as +形容詞+ (a/an) +名詞〉
という語順になります。〈as + SV〉の部分では、「比較の基準」に用いた形容詞
を含む〈a/an +形容詞+名詞〉ごと削除します。

　　Yuji is an enthusiastic student.

　　ユウジは熱心な生徒だ。

　　Mari is an enthusiastic student.

　　マリは熱心な生徒だ。

Yuji is as enthusiastic a student as Mari (is).
ユウジはマリと同じくらい熱心な生徒だ。
※is を残せば as は接続詞、is を省略すれば as は前置詞です。

　enthusiastic の前にあった an が、student の前に置かれて a に変わっている
ことに注意しましょう。

Two-Step Drill ⤵ ⤵

　聞こえてくる 2 つの文を原級構文でつなぎましょう。さらに、2 つ目の as を前
置詞と見なして〈as ＋目的語〉で言い換えましょう。

((Track No.
Unit 11.3))

1）Sam is a competent leader. Our boss is a competent leader.
　　(as competent)
　　サムは有能な指導者だ。私たちの上司は有能な指導者だ。
　➡　Sam is as competent a leader as our boss is. (change)
　　　サムは私たちの上司と同じくらい有能な指導者だ。
　➡　Sam is as competent a leader as our boss.

2）Colin was a skilled craftsperson. She was a skilled craftsperson.
　　(as skilled)
　　コリンは腕のある職人だった。彼女は腕のある職人だった。
　➡　Colin was as skilled a craftsperson as she was. (change)
　　　コリンは彼女と同じくらい腕のある職人だった。
　➡　Colin was as skilled a craftsperson as her.

3）Neil has a clear management strategy. His boss has a clear
　　management strategy. (as clear)
　　ニールには明確な経営戦略がある。彼の上司には明確な経営戦略があ
　　る。

➡ Neil has as clear a management strategy as his boss does. (change)

ニールには彼の上司と同じくらい明確な経営戦略がある。

➡ Neil has as clear a management strategy as his boss.

4） She made a great contribution to the community. Her father made a great contribution to the community. (as great)

彼女は地域社会に大いに貢献をした。彼女の父親は地域社会に大いに貢献をした。

➡ She made as great a contribution to the community as her father did. (change)

彼女は父親と同じくらい大いに地域社会に貢献をした。

➡ She made as great a contribution to the community as her father.

5） He was a renowned educator. His mother was a renowned educator. (as renowned)

彼は高名な教育者だった。彼の母親は高名な教育者だった。

➡ He was as renowned an educator as his mother was. (change)

彼は母親と同じくらい高名な教育者だった。

➡ He was as renowned an educator as his mother.

11.4 so +形容詞［副詞］ ·····································

原級構文の〈as +形容詞［副詞］〉は、否定語の後ろに置かれると〈**so +形容詞 ［副詞］**〉になることがあります（必ずなるわけではありません）。

He isn't as diligent as you (are).

He isn't so diligent as you (are).

彼はあなたほど勤勉ではない。

※are を残せば as は接続詞、are を省略すれば as は前置詞です。

Two-Step Drill 🔁 🔁

聞こえてくる原級構文の文を否定文に変えましょう。最初は〈as ＋形容詞［副詞］〉のまま、さらに〈so ＋形容詞［副詞］〉で言い換えます。ここでは 2 つ目の as は前置詞として使います。

((Track No. Unit 11.4))

1) Her speech was as impressive as the winning speech. (negative)
   彼女のスピーチは優勝スピーチと同じくらい感動的だった。
   ➡ Her speech wasn't as impressive as the winning speech.
   (so impressive)
   彼女のスピーチは優勝スピーチほどには感動的ではなかった。
   ➡ Her speech wasn't so impressive as the winning speech.

2) Alan danced as well as Riku in the competition. (negative)
   大会でアランはリクと同じくらい上手に踊った。
   ➡ Alan didn't dance as well as Riku in the competition. (so well)
   大会でアランはリクほど上手には踊らなかった。
   ➡ Alan didn't dance so well as Riku in the competition.

3) My house is as far from the station as Penny's. (negative)
   私の家はペニーの家と同じくらい駅から遠い。
   ➡ My house isn't as far from the station as Penny's. (so far)
   私の家はペニーの家ほど駅から遠くない。
   ➡ My house isn't so far from the station as Penny's.

4) Watching soccer is as exciting as playing it. (negative)
   サッカー観戦はサッカーをプレイするのと同じくらいエキサイティングだ。
   ➡ Watching soccer isn't as exciting as playing it. (so exciting)
   サッカー観戦はサッカーをプレイするほどエキサイティングではない。
   ➡ Watching soccer isn't so exciting as playing it.

5) This tower currently being built will be as tall as Tokyo Tower.
(negative)
現在建設中のこのタワーは東京タワーと同じくらいの高さになるだろう。

➡ This tower currently being built won't be as tall as Tokyo Tower.
(so tall)
現在建設中のこのタワーは東京タワーほど高くならないだろう。

➡ This tower currently being built won't be so tall as Tokyo Tower.

11.5　not so much A as B ·····································

He isn't so much a scholar as a teacher.
彼は学者ではなく教師だ。

これは〈not so much A as B〉の構文で、大学受験では「A というよりはむしろ B」や「A ではなくむしろ B」などと暗記させられるものです。しかし、この構文をこのように暗記してしまうと、まったく応用がきかなくなってしまいます。

この文の so much に気づいているでしょうか。原級比較です。否定文の中で so much に変わっていますが、もともとは as much だったものです。ここでの much は「非常に」という意味の副詞で、本来は〈as + SV〉の直前にありました。

He isn't a scholar so much as a teacher.

この so much は副詞の変化形ですから、a scholar の前に出てきたわけです（M は比較的自由に文中を移動できます）。ただし、否定語の前に出してしまうと、so much の役割が果たせませんので、実際には not の直後のみになります。

ですから、この文は、so much の位置によって 2 通り、as much の 2 通りを合わせて、4 通りの言い方が可能になります。

He isn't a scholar <u>as much</u> as a teacher.
He isn't <u>as much</u> a scholar as a teacher.
He isn't a scholar <u>so much</u> as a teacher.
He isn't <u>so much</u> a scholar as a teacher.

　すべて同じ意味です。直訳すれば「彼は教師であるほどには学者ではない」です。それが回り回って「彼は学者というよりはむしろ教師だ」となるわけです。それにもかかわらず、〈not so much A as B〉で暗記してしまっては、少し表現が変わっただけで、お手上げになってしまうのです。
　また、この構文では、2つ目の as は前置詞として使われています。

One-Step Drill ↻

　聞こえてくる原級構文の〈so +形容詞［副詞］〉を否定語の直後に動かして言いましょう。

（((Track No.
Unit 11.5)))

1）　I'm not into soccer so much as baseball. (change)
　　私は野球ほどサッカーにはハマっていない（私がハマっているのはサッカーではなくむしろ野球だ）。
　　➡　I'm not so much into soccer as baseball.

2）　She isn't an actress so much as a singer. (change)
　　彼女は歌手であるほどには女優ではない（彼女は女優というよりはむしろ歌手だ）。
　　➡　She isn't so much an actress as a singer.

3）　Mark doesn't admire your talent so much as your personality. (change)
　　マークはあなたの人柄ほどあなたの才能に敬服していない（マークが敬服しているのはあなたの才能ではなくむしろ人柄だ）。
　　➡　Mark doesn't so much admire your talent as your personality.

4) Anne isn't optimistic so much as reckless. (change)
アンは無鉄砲であるほどには楽観的ではない（アンは楽観的というより
むしろ無鉄砲だ）。

➡ Anne isn't so much optimistic as reckless.

5) He isn't picky about food so much as music. (change)
彼は音楽の好みにうるさいほど食べ物の好みにはうるさくない（彼は食
べ物の好みというよりむしろ音楽の好みにうるさい）。

➡ He isn't so much picky about food as music.

11.6 原級の決まり文句 ···

as +形容詞［副詞］+ as possible / as +形容詞［副詞］+ as one can

「できるだけ〜」という意味です。

I'll be there as soon as possible.
I'll be there as soon as I can.
できるだけ早くそちらに行きます。

as +形容詞［副詞］+ as ever

「相変わらず〜」の意味です。

He's as lazy as ever.
彼は相変わらず怠け者だ。

One-Step Drill 🎧

聞こえてくる文を、指示に従い原級の決まり文句を使って言い換えましょう。

**Track No.
Unit 11.6**

1） Can you explain that simply? (as possible)
わかりやすく説明してくださいますか？

　➡ Can you explain that as simply as possible?
　　できるだけわかりやすく説明してくださいますか？

2） We should proofread the script carefully. (as we can)
私たちはその原稿を注意深く校正しなければならない。

　➡ We should proofread the script as carefully as we can.
　　私たちはその原稿をできる限り注意深く校正しなければならない。

3） Sam is indecisive. (as ever)
サムは優柔不断だ。

　➡ Sam is as indecisive as ever.
　　サムは相変わらず優柔不断だ。

4） She looks busy. (as ever)
彼女は忙しそうだ。

　➡ She looks as busy as ever.
　　彼女は相変わらず忙しそうだ。

5） He tried to be calm and composed. (as he could)
彼は冷静沈着になろうとした。

　➡ He tried to be as calm and composed as he could.
　　彼はできる限り冷静沈着になろうとした。

11.7 「差」の表現 ···

11.7.1 程度の強調

〈as ＋形容詞［副詞］〉（否定文の場合は〈so ＋形容詞［副詞］〉も可）の直前は、「差」の表現の定位置となっています。つまり、**〈as ＋形容詞［副詞］〉の直前に副詞や副詞句を置くと、「差」を表す表現**となります。〈as ＋形容詞［副詞］〉は形容詞［副詞］の変化形ですから、その直前におけるのは副詞・副詞句のみです。

He's about as tall as I am.

He's about as tall as me.

彼は私とだいたい同じ背の高さだ。

※「だいたい、およそ」の意味では、他に almost や nearly があります。

He's just as tall as I am.

He's just as tall as me.

彼は私とまったく同じ背の高さだ。

※「まったく」の意味では、他に exactly があります。

11.7.2 倍数表現

倍数は〈数詞＋ times〉で表します。ただし、「2 倍」は twice と言うのがふつうです。

2 倍	two times / twice
3 倍	three times
4 倍	four times
100 倍	a hundred times
1 万倍	ten thousand times

Meeting Room A accommodates <u>ten times</u> as many people as Meeting Room B.

A 会議室は B 会議室の 10 倍の人数を収容する。

One-Step Drill

聞こえてくる 2 つの文を使って、原級構文による倍数表現を作りましょう。ここでは 2 つ目の as は前置詞として使います。

Track No. Unit 11.7

1）Her second book is thick. Her first book is thick. (twice)
彼女の二作目の本は厚い。彼女の一作目の本は厚い。

　➡　Her second book is twice as thick as her first book.
　　彼女の二作目の本は一作目の本の 2 倍厚い。

2）His monthly rent is expensive. My monthly rent is expensive. (three times)
彼の月々の家賃は高い。私の月々の家賃は高い。

　➡　His monthly rent is three times as expensive as mine.
　　彼の月々の家賃は私のものの 3 倍高い。
　　※my monthly rent は所有代名詞の mine（私のもの）になります。

3）The population of Tokyo is large. The population of Los Angeles is large. (four times)
東京の人口は大きい。ロサンゼルスの人口は大きい。

　➡　The population of Tokyo is four times as large as that of Los Angeles.
　　東京の人口はロサンゼルスのそれの 4 倍大きい。
　　※the population of Los Angeles は that of Los Angeles（ロサンゼルスのそれ）になります。

4）The main store has a large selection. This branch store has a large selection. (about ten times)
本店の品揃えは豊富だ。この支店の品揃えは豊富だ。

➡ The main store has about ten times as large a selection as this branch store.

本店の品揃えはこの支店の品揃えの約 10 倍だ。

5) Your portable charger lasts long. My portable charger lasts long. (five times)

あなたの携帯用充電器は長持ちする。 私の携帯用充電器は長持ちする。

➡ Your portable charger lasts five times as long as mine.

あなたの携帯用充電器は私のものより 5 倍長持ちする。

※my portable charger は所有代名詞の mine(私のもの)になります。

11.7.3 分数表現

　分子を基数(one, two, three…)、分母を序数(first, second, third…)で読み、書くときはハイフンでつなぎます。**分子が複数のときは、分母に s をつけて読みます**。ただし、「2 分の 1」だけは half となります。また、「4 分の 1」は、one-fourth と a [one] quarter という 2 通りの表現が可能です。

2 分の 1	half　※ one-second とは言いません。
3 分の 1	one-third
4 分の 1	one-fourth / a [one] quarter
5 分の 3	three-fifths
8 分の 5	five-eighths

　また、分子の one は a で代用することもできますが、原級比較と一緒に使うときは、one を使うのがふつうです。

3 分の 1	one-third ➡	a third
4 分の 1	one-fourth ➡	a fourth
20 分の 1	one-twentieth ➡	a twentieth

100 分の 1　　one-hundredth / one one-hundredth
　　　　　　　　➡　a hundredth
100 万分の 1　one-millionth / one one-millionth ➡　a millionth

上の倍数表現・分数表現は、すべて「副詞」か「副詞句」です。

　ただし、原級比較で使われる分数は、実際には half（2 分の 1）のみと言ってよく、特殊な統計的・科学的事実の説明を除いて、日常会話で使われることはあまりありません（倍数による比較が使われます）。また、わざわざ分数を使って差を表現するのは「少なさ」を強調するためですから、only などと合わせて使うのがふつうです。

> Meeting Room B accommodates <u>only one-tenth</u> as many people as Meeting Room A.
> B 会議室は A 会議室の 10 分の 1 の人数しか収容できない。

One-Step Drill ↪

　聞こえてくる 2 つの文を使って、原級構文による分数表現を作りましょう。ここでは 2 つ目の as は前置詞として使います。

(Track No. Unit 11.8)

1）Her first book is thick. Her second book is thick. (half)
　　彼女の一作目の本は厚い。彼女の二作目の本は厚い。
　➡　Her first book is half as thick as her second book.
　　　彼女の一作目の本は二作目の本の半分の厚さだ。
2）This mountain is high. Mt. Fuji is high. (only half)
　　この山は高い。富士山は高い。
　➡　This mountain is only half as high as Mt. Fuji.
　　　この山は富士山の半分の高さだ。

3） The population of Japan is large. The population of China is large.
(one-tenth)

日本の人口は多い。中国の人口は多い。

➡ The population of Japan is one-tenth as large as that of China.
日本の人口は中国の人口の 10 分の 1 の多さだ。

4） My phone memory is large. Your phone memory is large. (half)

私の携帯の容量は大きい。あなたの携帯の容量は大きい。

➡ My phone memory is half as large as yours.
私の携帯の容量はあなたのものの半分だ。

5） My old computer processes data quickly. My new computer processes
data quickly. (only half)

私の古いコンピュータは高速でデータを処理する。 私の新しいコン
ピュータは高速でデータを処理する。

➡ My old computer processes data only half as quickly as my new
one.
私の古いコンピュータは新しいものの半分の速さでしかデータを処
理できない。

※my new computer は my new one（私の新しいもの）になります。

11.8 名詞による比較 ··

量	the amount of = as much as
高さ	the height of = as tall as / as high as
数	the number of = as many as
値段	the price of = as expensive as
大きさ	the size of = as big as / as large as
速さ	the speed of = as fast as
重さ	the weight of = as heavy as
広さ	the width of = as wide as

ただし、これらの表現は、11.7 で学んだ「差」の表現と一緒に使われます。

This PC is half the price of that one.
このパソコンはあのパソコンの半分の値段だ。

One-Step Drill 🔁

聞こえてくる文を、続いて聞こえてくる名詞を使って言い換えましょう。

((Track No.
Unit 11.9))

1） This barbell is three times as heavy as that one. (the weight)
　　このバーベルはあのバーベルの 3 倍の重さだ。
　　➡　This barbell is three times the weight of that one.

2） Plan A costs roughly half as much as Plan B. (the amount)
　　プラン A はプラン B のおよそ半分の費用ですむ。
　　➡　Plan A costs roughly half the amount of Plan B.

3） My phone memory is twice as large as yours. (the size)
　　私の携帯の容量はあなたのものの 2 倍だ。
　　➡　My phone memory is twice the size of yours.

4） The population of Japan is only one-tenth as large as that of China.
　　(the size)
　　日本の人口は中国のそれの 10 分の 1 しかない。
　　➡　The population of Japan is only one-tenth the size of that of China.

5） USJ is about fourteen times as large as Koshien Stadium. (the size)
　　USJ は甲子園球場の約 14 倍の大きさだ。
　　➡　USJ is about fourteen times the size of Koshien Stadium.

Unit 12
比較（2）比較級

12.1　比較級構文・1 ·····

　　比較級構文は〈**more...than 構文**〉として知られますが、2 人の人や 2 つのものを比べて、「**より〜だ**」と、その性質や状態の程度に差があることを示します。比較級構文は、Unit 11 で学んだ原級構文とまったく同じ「複文」の構造を持ち、「比較の基準」となる「共通の形容詞か副詞」を含む 2 文をつないでいます。原級では〈as +形容詞［副詞］〉となるのに対して、比較級構文では〈**more +形容詞［副詞］**〉となるだけです（短めの単語なら**語尾に -er** をつけます）。

> He is tall.
> 彼は背が高い。
> I am tall.
> 私は背が高い。

　　共通する形容詞 tall を taller に変化させ、than でつなぎます。比較級構文の than は、本来は前置詞ではなく接続詞です。そして、「比較の基準」として taller に変化させた共通の tall は、2 文目では削除します。

	He	is	taller.
than	I	am	(tall).

> He is taller than I am.
> 彼は私より背が高い。

　　原級構文の〈as + SV〉同様、比較級構文の〈than + SV〉の中では、be 動詞の短縮形は使われません。

　ただし、話し言葉では、than を前置詞と見なして、次のように表現するのがふ
つうです（前置詞として使えないこともあります。12.2 参照）。

　　　He is taller than me.

　最後に、原級構文においてと同様、比較級構文においてもっとも大切なことは、
「形容詞［副詞］の変化形」――〈**more ＋形容詞［副詞］**〉こそが、その正体だと
いうことです。

　また、**一般動詞**が使われる文では、〈than ＋ SV〉の V が**助動詞 do, does, did**
に変わることにも注意しましょう（これらの助動詞は省略できます）。

　　　Sofia runs faster than her mother (does).
　　　ソフィアは彼女の母親より速く走る。

Two-Step Drill 🔁 🔁

　聞こえてくる 2 つの文を比較級構文でつなぎましょう。次に、than を前置詞と
見なして〈than ＋目的語〉に言い換えましょう。

((**Track No.**
Unit 12.1))

1）　He's diligent. You're diligent. (more diligent)
　　彼は勤勉だ。あなたは勤勉だ。
　　➡　He's more diligent than you are. (change)
　　　　彼はあなたより勤勉だ。
　　➡　He's more diligent than you.
2）　Haru can dance well. I can dance well. (better)
　　ハルは上手に踊れる。私は上手に踊れる。
　　➡　Haru can dance better than I can. (change)
　　　　ハルは私より上手に踊れる。

➡ Haru can dance better than me.

3) You speak English fluently. She speaks English fluently. (more fluently)

あなたは流暢に英語を話す。彼女は流暢に英語を話す。

➡ You speak English more fluently than she does. (change)
あなたは彼女より流暢に英語を話す。

➡ You speak English more fluently than her.

4) She speaks English fluently. She speaks French fluently. (more fluently)

彼女は流暢に英語を話す。彼女は流暢にフランス語を話す。

➡ She speaks English more fluently than she does French. (change)
彼女はフランス語より流暢に英語を話す。

➡ She speaks English more fluently than French.

5) Mark is short-tempered. I'm short-tempered. (more short-tempered)
マークは短気だ。私は短気だ。

➡ Mark is more short-tempered than I am. (change)
マークは私より短気だ。

➡ Mark is more short-tempered than me.

12.2 比較級構文・2 ………………………………………………………

〈more...than 構文〉を作る際、2つ目の V の時制や助動詞が 1 つ目の V とは異なることがあります。この場合、than を前置詞として使うことはできません。

He's more active than he used to be.
彼は昔以上に活動的だ。

You should be more focused than you were in the last game.

あなたはさっきの試合以上に集中するべきだ。

※than in the last game とすることもできます。その場合は、副詞節の中の〈S + be〉の省略（1.8
参照）とも、「前置詞＋副詞（句）」とも考えられます。

One-Step Drill

聞こえてくる2つの文を比較級構文でつなぎましょう。

**Track No.
Unit 12.2**

1) He's performing well. He performed well in the last skating competition. (better)

   彼はよい演技をしている。彼は前回のスケート競技でよい演技をした。

   ➡ He's performing better than he did in the last skating competition.

   彼は前回のスケートショーで演技をした以上によい演技をしている。

2) My daughter is tall. I was tall at that age. (taller)

   私の娘は背が高い。私はその年齢のとき背が高かった。

   ➡ My daughter is taller than I was at that age.

   私の娘は私がその年齢のときよりも背が高い。

3) I can be relaxed here. I'm relaxed at home. (more relaxed)

   私はここではくつろぐことができる。私は家でくつろぐ。

   ➡ I can be more relaxed here than I am at home.

   私は家よりも、よりここでくつろぐことができる。

4) You have to stay focused. You stayed focused in the first match. (more focused)

   あなたは集中を保たなければならない。第1マッチでは集中を保っていた。

   ➡ You have to stay more focused than you did in the first match.

   第1マッチで集中を保った以上に、あなたは集中を保たなければならない。

5） He plays soccer passionately. He played soccer passionately when he
   was young. (more passionately)

   彼は熱心にサッカーをしている。彼は若いころ熱心にサッカーをしてい
   た。

   ➡ He plays soccer more passionately than he did when he was
     young.

     彼は若いころよりも熱心にサッカーをしている。

12.3 more ＋形容詞＋ a/an ＋名詞 ·····························

〈a/an ＋形容詞＋名詞〉を比較級構文にする場合は、〈a/an ＋ more ＋形容詞
＋名詞〉となりますが、〈than ＋ SV〉の部分では、「比較の基準」に用いた形容
詞を含む〈a/an ＋形容詞＋名詞〉ごと削除します。

   Yuji is an enthusiastic student.
   ユウジは熱心な生徒だ。
   Mari is an enthusiastic student.
   マリは熱心な生徒だ。

   Yuji is a more enthusiastic student than Mari (is).
   ユウジはマリよりも熱心な生徒だ。
   ※is を残せば than は接続詞、is を省略すれば than は前置詞です。

語順を入れ替えて〈more ＋形容詞＋ a/an ＋名詞〉としてもかまいません。ただ
し、非常にフォーマルな響きを与えます。

   Yuji is more enthusiastic a student than Mari (is).

Two-Step Drill 🔁 🔁

　聞こえてくる2つの文を比較級構文でつなぎましょう。まず〈a ＋ more ＋形容詞＋名詞〉、さらに〈more ＋形容詞＋ a/an ＋名詞〉で言いましょう。ここでは than は前置詞として使います。

((• Track No.
Unit 12.3 •))

1) Fog is a common phenomenon in London. Fog is a common phenomenon in Paris. (more common)
   霧はロンドンではよく起こる現象だ。霧はパリではよく起こる現象だ。
   ➡ Fog is a more common phenomenon in London than in Paris. (change)
   霧はパリよりロンドンでよく起こる現象だ。
   ➡ Fog is more common a phenomenon in London than in Paris.

2) My mother has a conservative outlook on life. My father has a conservative outlook on life. (more conservative)
   母は保守的な人生観を持っている。父は保守的な人生観を持っている。
   ➡ My mother has a more conservative outlook on life than my father. (change)
   母は父より保守的な人生観を持っている。
   ➡ My mother has more conservative an outlook on life than my father.

3) Neil has a flexible attitude toward social change. I have a flexible attitude toward social change. (more flexible)
   ニールは社会の変化に対して柔軟な態度を取る。私は社会の変化に対して柔軟な態度を取る。
   ➡ Neil has a more flexible attitude toward social change than me. (change)
   ニールは社会の変化に対して私以上に柔軟な態度を取る。
   ➡ Neil has more flexible an attitude toward social change than me.

4) Your paper gives an interesting perspective. Her paper gives an interesting perspective. (more interesting)

あなたの論文は興味深い視点を与えてくれる。彼女の論文は興味深い視点を与えてくれる。

→ Your paper gives a more interesting perspective than hers. (change)

あなたの論文は彼女のものよりも興味深い視点を与えてくれる。

→ Your paper gives more interesting a perspective than hers.

※her paper は所有代名詞の hers（彼女のもの）になります。

5) Online slander against the company had a direct impact on sales. The recession had a direct impact on sales. (more direct)

その会社に対するネットでの誹謗中傷が売り上げに直接的な影響を与えた。不景気が売り上げに直接的な影響を与えた。

→ Online slander against the company had a more direct impact on sales than the recession. (change)

その会社に対するネットでの誹謗中傷が不景気よりも売り上げに直接的な影響を与えた。

→ Online slander against the company had more direct an impact on sales than the recession.

12.4 lot of ＋名詞

「たくさんの」という意味の形容詞には、many と much があり、**可算名詞には many、不可算名詞には much** を使います。ただし、〈many ＋名詞〉および〈much ＋名詞〉が肯定文の O に用いられる場合は、ともに a lot of や lots of とするのがふつうです。

Howard has many books. （△）
Howard has a lot of [lots of] books.
ハワードはたくさん本を持っている。

Howard has much practical knowledge.（△）
Howard has a lot of [lots of] practical knowledge.
ハワードにはたくさんの実用的な知識がある。

　否定文・疑問文や、肯定文でも many / much の前に副詞を伴う場合は、〈many ＋名詞〉および〈much ＋名詞〉を使うことができます。

Howard doesn't have many books.
ハワードはあまり本を持っていない。
Does Howard have many books?
ハワードはたくさんの本を持っていますか？
Howard has so many books.
ハワードはとてもたくさんの本を持っている。

　本書のドリルでは、可算名詞・不可算名詞ともに a lot of を使って練習します。

〈many ＋可算名詞〉も〈much ＋不可算名詞〉も、比較級ではともに〈more ＋名詞〉ですが〈a lot of [lots of] ＋名詞〉の比較級も〈more ＋名詞〉になります。

Howard has a lot of books. A college professor has a lot of books.
ハワードはたくさんの本を持っている。大学教授はたくさんの本を持っている。

➡　Howard has more books than a college professor (does).
ハワードは大学教授よりたくさんの本を持っている。

Howard has a lot of practical knowledge. A college professor has a lot of practical knowledge.
ハワードにはたくさんの実用的な知識がある。大学教授はたくさんの実用的な知識がある。

➡ Howard has <u>more</u> practical knowledge than a college professor (does).
ハワードには大学教授よりたくさんの実用的な知識がある。

〈more ＋名詞〉の差を強調する場合は、可算名詞なら many、不可算名詞なら much を使います。many は「数」の差、much は「量」の差、を表しています。この場合の many と much はそれぞれ名詞にかかる形容詞です。

Howard has <u>many</u> more books than a college professor (does).
大学教授よりハワードのほうが<u>ずっと</u>たくさんの本を持っている。

Howard has <u>much</u> more practical knowledge than a college professor (does).
大学教授よりハワードのほうが<u>ずっと</u>たくさんの実用的な知識がある。

Two-Step Drill ⤵ ⤵

聞こえてくる2つの文を、まず比較級構文でつなぎましょう。さらに、emphasize（強調して）と聞こえたら、比較級の差を強調してみましょう。ここでは than を前置詞として使います。

))) Track No.
Unit 12.4

1）Ella has a lot of Prada bags. I have a lot of Prada bags. (change)
エラはたくさんのプラダのバッグを持っている。私はたくさんのプラダのバッグを持っている。
➡ Ella has more Prada bags than me. (emphasize)
エラは私よりたくさんのプラダのバッグを持っている。
➡ Ella has many more Prada bags than me.
エラは私よりずっとたくさんのプラダのバッグを持っている。

2） We offer a lot of travel information. Guide books offer a lot of travel information. (change)

私たちはたくさんの旅の情報を提供する。ガイドブックはたくさんの旅の情報を提供する。

➡ We offer more travel information than guide books. (emphasize)
私たちはガイドブックよりたくさんの旅の情報を提供する。

➡ We offer much more travel information than guide books.
私たちはガイドブックよりずっとたくさんの旅の情報を提供する。

3） Joshua has written a lot of articles. The journalist has written a lot of articles. (change)

ジョシュアはたくさんの記事を書いてきた。そのジャーナリストはたくさんの記事を書いてきた。

➡ Joshua has written more articles than the journalist. (emphasize)
ジョシュアはそのジャーナリストよりたくさんの記事を書いてきた。

➡ Joshua has written many more articles than the journalist.
ジョシュアはそのジャーナリストよりずっとたくさんの記事を書いてきた。

4） The secretary has a lot of tasks. His boss has a lot of tasks. (change)
その秘書はたくさんのタスクがある。彼の上司はたくさんのタスクがある。

➡ The secretary has more tasks than his boss. (emphasize)
その秘書は上司よりたくさんのタスクがある。

➡ The secretary has many more tasks than his boss.
その秘書は上司よりずっとたくさんのタスクがある。

5） Thomas's microwave has a lot of functions. My microwave has a lot of functions. (change)

トーマスの電子レンジにはたくさんの機能がついている。私の電子レンジにはたくさんの機能がついている。

➡ Thomas's microwave has more functions than mine. (emphasize)
トーマスの電子レンジには私のものよりたくさんの機能がついている。

➡　Thomas's microwave has many more functions than mine.
トーマスの電子レンジには私のものよりずっとたくさんの機能がついている。

※my microwave は所有代名詞の mine（私のもの）になります。

12.5　less ＋形容詞［副詞］

「より〜ではない」という場合は、〈less ＋形容詞［副詞］〉を使います。taller や better、worse など、ふつうの比較級構文では〈more ＋形容詞〉にならない形容詞も、less tall、less good、less bad となります。

My PC is less expensive than yours.

この文は下の文と同じ意味になります（11.4 参照）。

My PC isn't as [so] expensive as yours.

Two-Step Drill 🔁 🔁

聞こえてくる〈not as ＋形容詞［副詞］〉の文を、まず〈not so ＋形容詞［副詞］〉で言い換えたあと、〈less ＋形容詞［副詞］〉で言い換えましょう。ここでは原級構文の 2 つ目の as および比較級構文の than は前置詞として使います。

（ Track No. Unit 12.5 ）

1）　I'm not as bothered about the problem as Emma. (so bothered)
　　私はエマほどその問題に悩まされていない。
　　➡　I'm not so bothered about the problem as Emma. (less bothered)
　　➡　I'm less bothered about the problem than Emma.
2）　My mother isn't as talkative as my father. (so talkative)
　　母は父ほどおしゃべり好きではない。
　　➡　My mother isn't so talkative as my father. (less talkative)

➡　My mother is less talkative than my father.

3)　Patrick doesn't go hiking as often as Mark. (so often)
パトリックはマークほどしょっちゅうハイキングに行かない。
- ➡　Patrick doesn't go hiking so often as Mark. (less often)
- ➡　Patrick goes hiking less often than Mark.

4)　Oranges don't taste as sour as lemons. (so sour)
オレンジはレモンほど酸っぱくない。
- ➡　Oranges don't taste so sour as lemons. (less sour)
- ➡　Oranges taste less sour than lemons.

5)　The local train isn't as crowded as the express train. (so crowded)
その各停はその急行ほど混んでいない。
- ➡　The local train isn't so crowded as the express train. (less crowded)
- ➡　The local train is less crowded than the express train.

12.6　「差」の表現 ···

12.6.1　「差」の表現（1）　差の強調

　原級構文同様、比較級構文でも、〈more ＋形容詞［副詞］〉の直前は、「差」の表現の定位置となっています。つまり、〈more ＋形容詞［副詞］〉の直前に副詞や副詞句を置くと、「差」を表す表現となります。〈more ＋形容詞［副詞］〉は形容詞［副詞］の変化形ですから、その直前に置くことができるのは副詞か副詞句のみです。

　much, far, a lot などの副詞（句）を置くと、比較級構文の差を強めることができます。比較級の差を強める度合いは、以下のようになります。

強

↕

弱

far　はるかに

much/a lot　ずっと

※ a lot は話し言葉で使われます。

a little/slightly/somewhat/a bit　少し

※ a bit は話し言葉で使われます。

　still, even は二者を比較し、一方が「さらにいっそう〜だ」というときに使う強調表現です。

　原級構文では about, almost, nearly など「ほとんど、だいたい」を意味する副詞が使えますが、差があることを前提とする比較級構文では使えません。また、「ちょうど同じ」であることを表す just や exactly も、比較級では使えません。

Consecutive Drill

Key Sentence に語句を代入しましょう。

(Track No. Unit 12.6)

Key sentence:

This dictionary is a lot more expensive than that one. (more useful)

この辞書はあの辞書よりずっと高価だ。

1) This dictionary is a lot more useful than that one. (far)

この辞書はあの辞書よりずっと役に立つ。

2) This dictionary is far more useful than that one. (thicker)

この辞書はあの辞書よりはるかに役に立つ。

3) This dictionary is far thicker than that one. (a little)

この辞書はあの辞書よりはるかに厚みがある。

4) This dictionary is a little thicker than that one. (slightly)

この辞書はあの辞書より少し厚みがある。

5) This dictionary is slightly thicker than that one.

この辞書はあの辞書より少し厚みがある。

12.6.2 「差」の表現 (2)　倍数表現

原級構文同様、〈more ＋形容詞［副詞］〉の直前に**倍数表現**を置いて、比較級の差を表すことができます。

> My new office is five times more spacious than my old one.
> 私の新しいオフィスは古いものの 5 倍の広さだ。

ただし、比較級に分数表現を使うことはできません。

One-Step Drill

聞こえてくる原級構文の文を比較級構文で言い換えましょう。

(Track No.
  Unit 12.7)

1） His monthly rent is three times as expensive as mine.
(more expensive)
彼の月々の家賃は私の家賃の 3 倍だ。
  ➡　His monthly rent is three times more expensive than mine.

2） Canada is twenty-four times as large as Japan. (larger)
カナダは日本の 24 倍の大きさである。
  ➡　Canada is twenty-four times larger than Japan.

3） USJ is about fourteen times as large as Koshien Stadium. (larger)
USJ は甲子園球場の約 14 倍の大きさだ。
  ➡　USJ is about fourteen times larger than Koshien Stadium.

4） Meeting Room A accommodates ten times as many people as Meeting
Room B. (more)
A 会議室は B 会議室の 10 倍の人数を収容する。
  ➡　Meeting Room A accommodates ten times more people than
Meeting Room B.

5) My new computer processes data five times as quickly as my old one.
(more quickly)

私の新しいコンピュータは古いものの 5 倍の速さでデータを処理する。

➡ My new computer processes data five times more quickly than my old one.

12.6.3 「差」の表現（3） 具体的な差

具体的な数字を「差」にする場合は、〈数詞+名詞〉を比較級の直前に置くか、〈by +数詞+名詞〉を使って表します。

(A) He's <u>three years</u> older than I am./ He's <u>three years</u> older than me.
彼は私より 3 歳年上だ。

(B) He's older than I am <u>by three years</u>. / He's older than me <u>by three years</u>.

(A) の three years は「3 年分」という意味の副詞句、(B) の three years は「3 年間」という名詞句です。

> This river is <u>52 meters</u> wider than that river.
> This river is wider than that river <u>by 52 meters</u>.
> この川はあの川よりも 52 メートル広い。

Two-Step Drill 🔁 🔁

聞こえてくる比較級の文の比較級の直前に〈数詞+名詞〉を置き、差を表す文をつくりましょう。さらに、by と聞こえたら、by を使った差を表す文に変えましょう。ここでは than は前置詞として使います。

Track No.
Unit 12.8

1） Your laptop is thinner than mine. (8 millimeters)
あなたのノートパソコンは私のより薄い。
→ Your laptop is 8 millimeters thinner than mine. (by)
あなたのノートパソコンは私のより 8 ミリ薄い。
→ Your laptop is thinner than mine by 8 millimeters.

2） She's younger than me. (five years)
彼女は私より若い。
→ She's five years younger than me. (by)
彼女は私より 5 歳若い。
→ She's younger than me by five years.

3） My new fridge is taller than my old one. (ten centimeters)
私の新しい冷蔵庫は古い冷蔵庫より背が高い。
→ My new fridge is ten centimeters taller than my old one. (by)
私の新しい冷蔵庫は古い冷蔵庫より 10 センチ背が高い。
→ My new fridge is taller than my old one by ten centimeters.

4） My twin brother Yusuke was born earlier than me. (15 minutes)
私の双子の兄のユウスケは私より早く生まれた。
→ My twin brother Yusuke was born 15 minutes earlier than me. (by)
私の双子の兄のユウスケは私より 15 分早く生まれた。
→ My twin brother Yusuke was born earlier than me by 15 minutes.

5） The pool for kids is shallower than the one for adults. (half a meter)
その子供用プールは大人用プールより浅い。
→ The pool for kids is half a meter shallower than the one for adults. (by)
その子供用プールは大人用プールより 50 センチ浅い。
→ The pool for kids is shallower than the one for adults by half a meter.

12.6.4 「差」の表現（4）　no

比較級の「差」を表す副詞に、no と not があります。それぞれの働きをまとめると、以下のようになります。

> **not の働き　「× -1」（差を逆にする）**
> **no の働き　「× 0」（差をゼロにする）**

つまり、比較級に not をつけると「差」が逆になり、no をつけると「差」がなくなります。

次の文を見てください。

> She's younger than me.
> 彼女は私より若い。
> ※than を前置詞として使っています。than を本来の接続詞として使うなら〈than I am〉となります。

「彼女>私」であると、若さを比較しています。この younger に not をつけると、差が逆転し、「彼女<私」となります。

> She's not younger than me.
> 彼女は私より若くない。
> ＝　She's older than me.
> 　　私より彼女のほうが年上だ。

日本語に訳してしまうと、非常にわかりづらくなりますが、言葉のニュアンスはともあれ、事実としての年齢は逆になるということです。

では、no をつけると、どうなるでしょうか。

> She's no younger than me.
> 彼女も私も若くない。

no がつくことで、She と I の差がなくなって、「彼女＝私」となります。no は当然否定ですから、young が否定されて、「彼女も私も若くない」となるわけです。

では、younger を older に置き換えてみます。

> She's older than me.
> 彼女は私より年上だ。

not をつけてみましょう。

> She's not older than me.
> 彼女は私より年上ではない。
> ＝　She's younger than me.
> 　　私より彼女のほうが若い。

差が逆になりました。

no ならどうでしょうか。

> She's no older than me.
> 彼女も私もまだ若い。

no がつくことで、She と I の差がなくなっています。no は当然否定ですから、old が否定されて、「彼女も私もまだ若い」となるわけです。

以上のことを踏まえ、次の文を見てください。

A whale is no more a fish than a horse (is).

クジラが魚でないのは馬が魚でないのと同じだ。

※is を残せば than は接続詞、is を省略すれば than は前置詞です。

いわゆる「クジラ構文」です。しばしば学校では、この日本語訳ごと丸暗記を強いられ、学校英語の害悪の象徴のように語られる構文ですが、問題があるのはあくまでクジラと馬のたとえであって、この構文の原理（no ＋比較級）は、知識人の英語では非常によく使われます（2013 年のオバマ大統領第 2 期就任演説にも使われ、読売新聞が誤訳したことで話題になりました。仮定法とともに使われたことも誤訳の原因となっており、〈上級〉の仮定法で改めて取り上げます）。つまり、問題は日本語訳ごと丸暗記しようとすることであり、原理さえわかれば、これほど使い勝手がよく応用のきく構文もありません。

この構文のコアは、やはり「×0」の no の働きです。ここでの no は、more な状態を引き下げて、than 以下との差をゼロにする（than 以下と同じにする）機能を果たしています。

この文は、もともと以下の 2 文を比較したものです。ここで大事なポイントは、比較対象の（B）には、少なくとも話し手とこの発話を聞く相手が「絶対にあり得ない（間違っている）」と認識していることがこなければならないということです。その上で、no が（A）の可能性を引き下げ、（B）と同じにしているのです。more（プラスの状態）になっているのは、no で程度を引き下げるためです。

（A）A whale is a fish.
    クジラは魚だ。
（B）A horse is a fish.
    馬は魚だ。

ですから、no の働きさえ伝われば、日本語訳は「クジラが魚でないのは馬が魚でないのと同じだ」でも、「馬が魚ではないようにクジラも魚ではない」でも「クジラも馬も魚ではない」でも、何でもいいのです。

逆に、〈A no less than B〉であれば、（A）の可能性を引き上げ、（B）と同じに

します。

A whale is no less a mammal than a horse (is).
クジラが哺乳類であるのは馬が哺乳類であるのと同じだ。

（A）A whale is a mammal.
クジラは哺乳類だ。
（B）A horse is a mammal.
馬は哺乳類だ。

　今度は、比較対象の（B）には、話し手とこの発話を聞く相手が「絶対に正しい」と認識していることがきます。そして、no が（A）と（B）の「差」をゼロにし、（A）の可能性を（B）と同じになるまで引き上げています。less（マイナスの状態）になっているのは、no で程度を引き上げるためです。ここでも、no の働きさえ伝われば、日本語訳は「クジラが哺乳類であるのは馬が哺乳類であるのと同じだ」でも、「馬が哺乳類であるようにクジラも哺乳類だ」でも「クジラも馬も哺乳類だ」でも、何でもかまいません。

　このように、比較級の直前に置かれた no は「差」の表現であること、さらに no の機能が「×0」であるということさえ理解できたら、クジラ構文はきわめて実用的で役に立つ表現であるのです。
　〈no more [less]〉を M として使う場合は、**一般動詞なら V の前（第 1 文型は V の後ろ）**、**be 動詞や助動詞ならその後ろ**に置くのが普通です。

〈no more [less] ＋形容詞〉とすることもできます。

His speech was no less eloquent than Kennedy's (was).
彼のスピーチはケネディのスピーチに負けないくらい雄弁だった。

　この場合は no less eloquent が C になっていますので、場所を動かすことはできません。

One-Step Drill 🔄

聞こえてくる2つの文をもとにクジラ構文を作りましょう。than を前置詞として使える場合は V を省略します。

((• Track No.
Unit 12.9 •))

1) I can swim. A penguin can fly. (change)
   私は泳げる。ペンギンは空を飛べる。
   ➡ I can no more swim than a penguin can fly.
   ペンギンが空を飛べないように私は泳げない（私はまったくの金づちだ）。

2) She's a diva. Mariah Carey is a diva. (change)
   彼女はディーバだ。マライア・キャリーはディーバだ。
   ➡ She's no less a diva than Mariah Carey.
   彼女はマライア・キャリーに劣らぬディーバだ。

3) This plant is edible. Plastic is edible. (change)
   この植物は食べられる。プラスチックは食べられる。
   ➡ This plant is no more edible than plastic.
   プラスチックが食べられないのと同様にこの植物も食べられない。

4) The city is cold. Siberia is cold. (change)
   その町は寒い。シベリアは寒い。
   ➡ The city is no less cold than Siberia.
   その町はシベリアに負けないくらい寒い。

5) The speech was inspiring. The speech of Martin Luther King, Jr. was inspiring. (change)
   そのスピーチは感動的だった。マーティン・ルーサー・キング・ジュニアのスピーチは感動的だった。

➡　The speech was no less inspiring than that of Martin Luther King, Jr.

そのスピーチはマーティン・ルーサー・キング・ジュニアのものに負けないくらい感動的だった。

※the speech of Martin Luther King, Jr. は that of Martin Luther King, Jr.（マーティン・ルーサー・キング・ジュニアのそれ）になります。

12.6.5　「差」の表現 (5)　the ＋比較級

比較級の直前に the がつくことがあります。この the は冠詞ではありません。比較級の直前は「差」の表現の定位置なのですから、この the も副詞であり、「よりいっそう」という意味です。つまり、比較級が表す差を「よりいっそう」と強めているのです。

12.6.5.1　the ＋比較級＋ because / for

I like him <u>the</u> better because he's honest.
私は彼が正直であるがゆえに、<u>よりいっそう</u>彼が好きだ。

I like him <u>the</u> better for his honesty.
私は彼の正直さがゆえに、<u>よりいっそう</u>彼が好きだ。

学校英語では〈all the ＋比較級〉の決まり文句として教えられますが、all は単に the を強めているだけで、コアは〈the ＋比較級〉です。

One-Step Drill

聞こえてくる 2 つの文を、〈all the ＋比較級＋ because〉を使って 1 文につなぎましょう。

Track No.
Unit
12.10

1) I was happy. He was kind enough to see me off. (change)
   私は幸せだった。彼はわざわざ私を見送ってくれた。
   ➡ I was all the happier because he was kind enough to see me off.
      彼はわざわざ私を見送ってくれて、私はいっそう幸せだった。

2) The game was exciting. It was really close. (change)
   その試合は盛り上がった。それは本当に接戦だった。
   ➡ The game was all the more exciting because it was really close.
      その試合は本当に接戦だったので、よりいっそう盛り上がった。

3) The cake tastes delicious. It's difficult to get. (change)
   そのケーキはおいしい。それは入手しにくい。
   ➡ The cake tastes all the more delicious because it's difficult to get.
      そのケーキは入手しにくいので、よりいっそうおいしい。

4) The movie is interesting. It has a star-studded cast. (change)
   その映画は面白い。それはオールスターキャストだ。
   ➡ The movie is all the more interesting because it has a star-studded cast.
      その映画はオールスターキャストで、よりいっそう面白い。

5) Professor Miura got angry. I didn't submit the assignment. (change)
   ミウラ教授は怒った。私は課題を提出しなかった。
   ➡ Professor Miura got all the angrier because I didn't submit the assignment.
      私が課題を提出しなかったので、ミウラ教授はよりいっそう怒った。

12.6.5.2 the +比較級 , the +比較級

2.1 で学んだ接続詞 as の「比例」の用法を思い出してください。

As we get older, we get wiser.
私たちは年を取るにつれて賢くなる。

これを次のように表現することができます。

<u>The older</u> we get, <u>the wiser</u> we get.
年を取れば取るほど、私たちは賢くなる。

　「〜すればするほど〜だ」という意味のいわゆる**「比例構文」**です。ここでの **the** も「よりいっそう」という意味の副詞です。

　これは、次の 2 つの文の old と wise をそれぞれ〈**the ＋比較級**〉に変え、文頭に出したものです。

We get <u>old</u>.
We get <u>wise</u>.

　比例構文は、共通する形容詞や副詞がなくても、つなごうとする 2 文に形容詞か副詞が含まれていれば、作ることができます。

　比例構文の more の使い方は、比較級構文の more のそれに準じますが、注意すべきものとして、**「よりたくさんのもの／よりたくさんのこと」**を意味する**代名詞**の用法があります。

<u>The more</u> you get, <u>the more</u> you want.
よりたくさんのもの［たくさんのこと］を得れば得るほど、あなたはよりたくさんのもの［たくさんのこと］が欲しくなる。

　ここでの the more はどちらも代名詞で、それぞれ get と want の O になっています。

　〈the ＋比較級〉で**否定**の意味にしたい場合は、**less** を使います。

The more often political scandals occur, the less trustful people become.

政治家のスキャンダルが起これば起こるほど、人々はより信頼しなくなる。

　比例構文の less の使い方は、比較級構文の less のそれに準じますが（12.5 参照）、やはり注意すべきものとして、「**より少ないもの／より少ないこと**」を意味する**代名詞**の用法があります。

　　The less you want, the more you love.
　　求めるものが少ないほど、もっと愛することができるよ。（スヌーピーの名言）

　ここでの the less は代名詞で want の O、the more も代名詞で love の O になっています。「求めるもの（求めること）が少なければ少ないほど、あなたはより多くのもの（多くのこと）を愛することができる」という意味です。

　また、この構文では、SV を省略することがよくあります。

　　The bigger, the better.
　　大きければ大きいほどよい。

　　The richer, the happier.
　　お金があればあるほど幸せだ。

One-Step Drill

聞こえてくる2つの文を比例構文で言い換えましょう。

Track No. Unit 12.11

1) I often see you. I'm happy. (change)
   私はあなたによく会う。私は幸せだ。
   ➡ The more often I see you, the happier I am.
   あなたに会えれば会えるほど、私はより幸せになる。

2) You study hard. You'll get good results. (change)
   あなたは一生懸命勉強する。あなたはいい結果を得る。
   ➡ The harder you study, the better results you'll get.
   一生懸命勉強すればするほど、いい結果を得るだろう。

3) The plane ascended high. The view became wide. (change)
   飛行機が高く上昇した。視界が広がった。
   ➡ The higher the plane ascended, the wider the view became.
   飛行機が高く上昇すればするほど、視界が広がった。

4) I saw the musical many times. I became fascinated. (change)
   私はそのミュージカルを何度も見た。私は魅了された。
   ➡ The more times I saw the musical, the more fascinated I became.
   そのミュージカルを見れば見るほど、私は魅了された。

5) We enjoy a lot of freedom. We must take on a lot of responsibility.
   (change)
   私たちはたくさんの自由を享受する。私たちはたくさんの責任を負う。
   ➡ The more freedom we enjoy, the more responsibility we must
   take on.
   私たちはたくさんの自由を享受すればするほど、たくさんの責任を
   負う。

12.7　ラテン比較 ···

　英語には、ラテン語に由来する比較表現があります。「**ラテン比較**」と呼ばれます。**superior**（すぐれた）、**inferior**（劣った）、**senior**（年上の）、**junior**（年下の）など、-or を語尾に持つ形容詞は、それ自体が比較級の意味を持ち、比較対象を示すのに、than ではなく前置詞の **to** を使う特徴があります。ここでは、主だったラテン比較を使う練習をしましょう。

12.7.1　prefer A to B（B より A が好きだ）

> I like tea better than coffee.
> 私はコーヒーより紅茶が好きだ。

> I prefer tea to coffee.
> 私はコーヒーより紅茶が好きだ。
> Tea is preferable to coffee for me.
> 私にはコーヒーより紅茶のほうが好ましい。

Two-Step Drill

　聞こえてくる比較級構文の文を、指示に従ってラテン比較で言い換えましょう。

Track No. Unit 12.12

1) I like summer better than winter. (prefer)
　　私は冬より夏が好きだ。
　　➡ I prefer summer to winter. (preferable)
　　➡ Summer is preferable to winter for me.
　　　私には冬より夏のほうが好ましい。
2) The student likes English better than math. (prefer)
　　その生徒は数学より英語が好きだ。
　　➡ The student prefers English to math. (preferable)

➡　English is preferable to math for the student.
その生徒には数学より英語の方が好ましい。

3)　Taku likes rice better than bread. (prefer)
タクはパンよりごはんが好きだ。

➡　Taku prefers rice to bread. (preferable)

➡　Rice is preferable to bread for Taku.
タクにとってパンよりごはんのほうが好ましい。

4)　He likes indoor activities better than outdoor activities. (prefer)
彼はアウトドアアクティビティよりインドアアクティビティが好きだ。

➡　He prefers indoor activities to outdoor activities. (preferable)

➡　Indoor activities are preferable to outdoor activities for him.
彼にはアウトドアアクティビティよりインドアアクティビティのほうが
好ましい。

5)　She likes going to the beach better than climbing a mountain. (prefer)
彼女は山に登るよりビーチに行くのが好きだ。

➡　She prefers going to the beach to climbing a mountain.
(preferable)

➡　Going to the beach is preferable to climbing a mountain for her.
彼女には山に登ることよりビーチに行くことの方が好ましい。

12.7.2　senior（年上の）/ junior（年下の）

現代英語では、この意味で形容詞として使われることはほとんどなく、次のように所有格の代名詞を伴って**名詞**として使われます。ただし、口語では実際には my のみが使われる傾向にあります（my 以外の所有格代名詞を使うのは不自然で、他の表現が選ばれます）。

He's my senior [junior].
彼は私より年上［年下］だ。

年齢差を表す場合は、ふつうの比較級構文と同じように「差」を直前に置きま

す。

ふつうの比較級構文

He's <u>three years</u> older [younger] than I am. / He's <u>three years</u> older [younger] than me.

He's older [younger] than I am <u>by three years</u>. / He's older [younger] than me <u>by three years</u>.

彼は私より 3 歳年上［年下］だ。

ラテン比較

He's <u>three years</u> my senior [junior].

彼は私より 3 歳年上［年下］だ。

One-Step Drill

聞こえてくる比較級構文の文を、指示に従ってラテン比較で言い換えましょう。

(Track No.
Unit
12.13)

1) Curtis is ten years older than me. (senior)
   カーティスは私より 10 歳年上だ。
   ➡ Curtis is ten years my senior.

2) Jenny is ten years younger than me. (junior)
   ジェニーは私より 10 歳年下だ。
   ➡ Jenny is ten years my junior.

3) My husband is twelve years older than me. (senior)
   私の夫は私より 12 歳年上だ。
   ➡ My husband is twelve years my senior.

4) My friend Chihiro is four years younger than me. (junior)
   友だちのチヒロは私より 4 歳年下だ。
   ➡ My friend Chihiro is four years my junior.

5) Mr. Williams is twenty years older than me. (senior)
ウィリアムさんは私より 20 歳年上だ。

→ Mr. Williams is twenty years my senior.

12.8 同一の人やものの 2 つの性質・程度を比べる場合 ··

12.8.1 more A than B

2 人の異なる人や 2 つのものではなく、同一の人やものの 2 つの性質や程度を比較する場合は、〈more A than B〉を使います。A と B に**形容詞**や**副詞**が入ります。taller や better、worse など、ふつうの比較級構文では〈more ＋形容詞〉にならない形容詞も、more tall、more good、more bad となります。

She's more shy than gloomy.
彼はネクラというよりシャイだ。

shy が shier とならないことに注意しましょう。

One-Step Drill

聞こえてくる 2 文をもとに、同一の人やものの 2 つの性質や程度を比較する〈more A than B〉の文を作りましょう。

Track No.
Unit
12.14

1) He's scary. He's strict. (more scary)
彼は怖い。彼は厳しい。

→ He's more scary than strict.
彼は厳しいというより怖い。

2) Her dress is flashy. Her dress is elegant. (more flashy)
彼女のドレスはド派手だ。彼女のドレスは上品だ。

➡　Her dress is more flashy than elegant.
彼女のドレスは上品というよりド派手だ。

3) Travis is confident. Travis is bossy. (more confident)
トラビスは自信に満ちている。トラビスは威張っている。

➡　Travis is more confident than bossy.
トラビスは威張っているというより自信に満ちている。

4) Lyla is cunning. Lyla is smart. (more cunning)
ライラは抜け目ない。ライラは賢い。

➡　Lyla is more cunning than smart.
ライラは賢いというより抜け目ない。

5) The graffiti is artistic. The graffiti is offensive. (more artistic)
その落書きは芸術的だ。その落書きは不快だ。

➡　The graffiti is more artistic than offensive.
その落書きは不快というより芸術的だ。

12.8.2　more A than B の言い換え

〈more A than B〉の A と B が**名詞**の場合は、さまざまな言い換えが可能です。

He's more a teacher than a scholar.
彼は学者というより教師だ。

ここでの more は副詞で、単独で働いていますから、次のように場所を動かすことが可能です。

He's a teacher more than a scholar.

〈more A than B〉は〈more of A than B〉とすることもできます。

He's more of a teacher than a scholar.

　ここでの of は「〜の性質・特徴を持っている」という意味で、〈of ＋名詞〉が形容詞句を作っています。すなわち、〈of ＋名詞〉が形容詞句として C になっており、それら 2 つの C を副詞の more が比較しているわけです。したがって、more の位置を動かすことはできません。

　Unit 11 で学んだ〈not so much...as...〉を使って言うこともできます。この場合は、A と B が入れ替わります。

> He's not so much a scholar as a teacher.

　so much の場所を移動させたり、so much を as much に変えたりして、さらにバリエーションが生まれることは、Unit 11 で学んだ通りです。

　おさらいすると、〈more A than B〉には合わせて 5 通りのバリエーションができますが、次のドリルでは、太字の 3 つの表現で練習することにします。

> **more A than B** / A more than B
> **more of A than B**
> **not so much B as A** / not B so much as A

Two-Step Drill

聞こえてくる文を、指示に従って言い換えましょう。

Track No.
Unit
12.15

1）　She's more an actress than a singer. (more of)
　　彼女は歌手というより女優だ。
　➡　She's more of an actress than a singer. (not so much)
　➡　She isn't so much a singer as an actress.

2）　He's more an artist than a chef. (more of)
　　彼はシェフというより芸術家だ。

➡ He's more of an artist than a chef. (not so much)

➡ He isn't so much a chef as an artist.

3) Margot is more a mentor than a teacher. (more of)

マーゴーは先生というよりメンターだ。

➡ Margot is more of a mentor than a teacher. (not so much)

➡ Margot isn't so much a teacher as a mentor.

4) The music festival is more an awareness-raising event than an entertainment show. (more of)

その音楽祭は娯楽ショーというより意識向上のためのイベントだ。

➡ The music festival is more of an awareness-raising event than an entertainment show. (not so much)

➡ The music festival isn't so much an entertainment show as an awareness-raising event.

5) He's more a friend than an acquaintance. (more of)

彼は知り合いというより友だちだ。

➡ He's more of a friend than an acquaintance. (not so much)

➡ He isn't so much an acquaintance as a friend.

Unit 13
比較（3）最上級

13.1　形容詞の最上級 ··

　三者以上のうちで「**もっとも**」という意味を表す場合は、形容詞［副詞］を**最上級**に変化させます。最上級は、短めの単語なら**語尾に -est**、長めの単語なら**前に most** をつけます。また、最上級はふつう「**～の中で**」という**比較の範囲**を表す表現を伴います。比較の範囲は **in** や **of** などで表すのが一般的ですが、最上級が比較の範囲を示さずに使われることも多くあります。

　また、最上級は名詞を伴うときは the をつけます。

（A）He's the tallest student in our class.
　　　彼はクラスでもっとも背が高い生徒だ。
（B）He's the tallest of all the students in our class.
　　　彼はクラスみんなの中でもっとも背が高い。

　（B）は the tallest のあとの名詞（person や student など）が省略されたものなので、名詞がなくても the がついています。

Two-Step Drill 🔄🔄

　聞こえてくる文を、続いて聞こえてくるフレーズを比較の範囲にして最上級の文に言い換えましょう。

🔊 Track No.
Unit 13.1

1）　Mt. Fuji is a high mountain. (in Japan)
　　富士山は高い山だ。

→ Mt. Fuji is the highest mountain in Japan. (of all the mountains in Japan)

富士山は日本でもっとも高い山だ。

→ Mt. Fuji is the highest of all the mountains in Japan.

2) This is an expensive pen. (in this stationery store)

これは高価なペンだ。

→ This is the most expensive pen in this stationery store. (of all the pens in this stationery store)

これはこの文具店でもっとも高価なペンだ。

→ This is the most expensive of all the pens in this stationery store.

3) He's a skillful player. (on the rugby team)

彼は技術が高い選手だ。

→ He's the most skillful player on the rugby team. (of all the players on the rugby team)

彼はそのラグビーチームの中でもっとも技術が高い選手だ。

→ He's the most skillful of all the players on the rugby team.

4) Donna is a competent employee. (in this department)

ドナは有能な従業員だ。

→ Donna is the most competent employee in this department. (of all the employees in this department)

ドナはこの部署でもっとも有能な従業員だ。

→ Donna is the most competent of all the employees in this department.

5) It was a challenging question. (in the Q&A session)

それはもっとも考えさせられる質問だった。

→ It was the most challenging question in the Q&A session. (of all the questions in the Q&A session)

それは質疑応答の中でもっとも考えさせられる質問だった。

→ It was the most challenging of all the questions in the Q&A session.

13.2　所有格+最上級

〈the +最上級+名詞〉の the の代わりに**所有格**がよく用いられます。この場合、**所有格が比較の範囲**を表します。

Ms. Sato is my best teacher.
サトウ先生は私のもっともよい先生だ。

my が「私が知る先生の中で」あるいは「私のこれまでの人生で」といった比較の範囲の役割を果たしています。

One-Step Drill ↻

聞こえてくる文に、続いて聞こえてくる所有格の語句を加え、最上級の文に言い換えましょう。

🔊 Track No.
Unit 13.2

1） That's an old photo. (my)
   それは古い写真だ。
   ➡ That's my oldest photo.
     それは私のもっとも古い写真だ。

2） He's a great hero. (our)
   彼は偉大なヒーローだ。
   ➡ He's our greatest hero.
     彼は私たちのもっとも偉大なヒーローだ。

3） It was a good golf score. (Tina's)
   それはよいゴルフ成績だった。
   ➡ It was Tina's best golf score.
     それはティナのもっともよいゴルフ成績だった。

4） That's a controversial scene. (the movie's)
   それは物議をかもすシーンだ。

➡ That's the movie's most controversial scene.
それはこの映画の中でもっとも物議をかもすシーンだ。

5） The song is a great hit. (the singer's)
その歌は大ヒット作だ。

➡ The song is the singer's greatest hit.
その歌はその歌手のもっとも大ヒットした作品だ。

13.3 副詞の最上級 ·······································

　副詞は名詞を伴わないため、本来その最上級には the をつけませんが、アメリカ英語では the をつける傾向があります。本書のドリルでも、the をつけて練習します。また、副詞が最上級になった場合は、頻度副詞でも V の後ろに移動します（頻度副詞については、『英語のハノン／初級』1.2.7 参照）。

Alex arrives at school the earliest in our class.
アレックスはクラスでもっとも早く登校する。
Alex runs the fastest in our school.
アレックスは学校でもっとも早く走る。
I see horror movies the most often in my family.
私は家族の中でもっともよくホラー映画をみる。

One-Step Drill 🔁

　聞こえてくる文を、続いて聞こえてくるフレーズを比較の範囲にして最上級の文に言い換えましょう。

🔊 Track No.
Unit 13.3

1） The bakery opens early. (in the town)
そのパン屋は朝早く開店する。

➡ The bakery opens the earliest in the town.
そのパン屋はその町で朝もっとも早く開店する。

2）　Harry can jump high. (in our school)
　　　ハリーは高く跳べる。

　　➡　Harry can jump the highest in our school.
　　　　ハリーは学校でもっとも高く跳べる。

3）　You can see Mt. Fuji clearly from this spot. (in Yamanashi)
　　　このスポットから富士山をはっきりと見ることができる。

　　➡　You can see Mt. Fuji the most clearly from this spot in Yamanashi.
　　　　山梨の中ではこのスポットからが富士山をもっともはっきりと見ることができる。

4）　Alba often visits her grandparents. (in her family)
　　　アルバはよく祖父母のもとを訪れる。

　　➡　Alba visits her grandparents the most often in her family.
　　　　アルバは家族の中でもっともよく祖父母のもとを訪れる。

5）　He works tirelessly. (of all the new employees)
　　　彼は疲れ知らずに一生懸命働く。

　　➡　He works the most tirelessly of all the new employees.
　　　　彼は新入社員の中でもっとも疲れ知らずに一生懸命働く。

13.4　名詞を伴わない形容詞の最上級

He's the tallest of all the students in our class.（Unit13.1. 参照）のように、形容詞のあとに名詞（この場合は person や student）が省略されている場合は最上級に the をつけますが、比較の範囲が明確でない場合は、the をつけません。この場合の意味は、最上級よりむしろ**強意（非常に、著しく）**に近くなります。

　　　Family is most important.
　　　家族は極めて大切だ。

One-Step Drill ⤵

聞こえてくる文を最上級で言い換えましょう。

((• Track No.
Unit 13.4 •))

1) Health is important. (change)
   健康は大事だ。
   ➡ Health is most important.
   　 健康は極めて大事だ。

2) Raising children is rewarding. (change)
   子育てはやりがいがある。
   ➡ Raising children is most rewarding.
   　 子育ては極めてやりがいがある。

3) The politician's argument was persuasive. (change)
   その政治家の主張は説得力があった。
   ➡ The politician's argument was most persuasive.
   　 その政治家の主張は極めて説得力があった。

4) His words were encouraging. (change)
   彼の言葉は勇気を与えるものだった。
   ➡ His words were most encouraging.
   　 彼の言葉は極めて勇気を与えるものだった。

5) Her attitude is agreeable. (change)
   彼女の態度は感じがよい。
   ➡ Her attitude is most agreeable.
   　 彼女の態度は極めて感じがよい。

13.5　同一の人・ものにおける比較 ⋯⋯⋯⋯⋯⋯⋯⋯⋯⋯⋯⋯⋯⋯

「同一の人」や「同一のもの」における**程度**を比較する場合は、the をつけません。

> This lake is deepest here.
> この湖はこのあたりがもっとも深い。

この文では、他の湖と深さを比較しているのではなく、同じ湖の中でのさまざまな場所の深さの比較であるため、the がついていません。

One-Step Drill ⤵

聞こえてくる文を、続いて聞こえてくるフレーズを使って最上級の文に言い換えましょう。

Track No. Unit 13.5

1) I'm sleepy. (at around two in the afternoon)
   私は眠い。
   ➡ I'm sleepiest at around two in the afternoon.
   　私は午後 2 時ごろがもっとも眠い。

2) The food is delicious. (when you let it sit overnight)
   その料理はおいしい。
   ➡ The food is most delicious when you let it sit overnight.
   　その料理は一晩寝かせるともっともおいしい。

3) He looks happy. (when he's with his kids)
   彼は幸せそうだ。
   ➡ He looks happiest when he's with his kids.
   　彼は子どもと一緒にいるときがもっとも幸せそうだ。

4) The level of competition to enter the university was high. (in 2004)
   その大学の競争率は高かった。

➡ The level of competition to enter the university was highest in 2004.

その大学の競争率は 2004 年がもっとも高かった。

5）That manga series was interesting. (in episode 20).

その連載漫画は面白かった。

➡ That manga series was most interesting in episode 20.

その連載漫画は第 20 話がもっとも面白かった。

13.6　最上級+現在完了 ···

〈the ＋形容詞の最上級＋名詞＋ (that) ＋ S ＋ have [has] ever p.p.〉で「これまで～してきた中でもっとも」という意味を表します。that は目的格の関係代名詞（『英語のハノン／上級』Unit 2 参照）ですが、ふつうは省略されます。

This is the most delicious curry I've ever eaten.

これはこれまで私が食べてきた中でもっともおいしいカレーだ。

One-Step Drill ↷

聞こえてくる文を、続いて聞こえてくるフレーズを使って〈the ＋形容詞の最上級＋名詞＋ (that) ＋ S ＋ have [has] ever p.p.〉で言い換えましょう。that は省略します。

((• Track No. •))
Unit 13.6

1）He's a mean person. (I've ever met)

彼は意地悪な人だ。

➡ He's the meanest person I've ever met.

彼はこれまで私が出会った中でもっとも意地悪な人だ。

2）This is an effective way of studying English. (he's ever tried)

これは効率のよい英語の勉強の仕方だ。

> ➡ This is the most effective way of studying English he's ever tried.
> これはこれまで彼が試した中でもっとも効率のよい英語の勉強の仕方だ。

3) Austria is a beautiful country. (we've ever visited)
オーストリアは美しい国だ。
> ➡ Austria is the most beautiful country we've ever visited.
> オーストリアは私たちが訪れた中でもっとも美しい国だ。

4) *Ben-Hur* is a long movie. (I've ever watched)
「ベン・ハー」は長い映画だ。
> ➡ *Ben-Hur* is the longest movie I've ever watched.
> 「ベン・ハー」は私が見た中でもっとも長い映画だ。

5) This is a tough job. (I've ever been in charge of)
これはタフな仕事だ。
> ➡ This is the toughest job I've ever been in charge of.
> これは私が担当した中でもっともタフな仕事だ。

13.7　最上級の強調

最上級を強調する場合は、**by far**（ずばぬけて）や **very**（まさに）を使います。by far は the の前、very は the の後ろに置きます。ただし、very はもっぱら -est 型および best / worst にのみ用いられます。

Mr. Suzuki is by far the most popular teacher in our school.
スズキ先生は私たちの学校でずば抜けてもっとも人気がある。

This is the very best movie I've ever seen.
これはこれまで私がみた中でまさにもっともよい映画だ。

One-Step Drill ↻

聞こえてくる文の最上級を、指示にしたがって強調してみましょう。

((• Track No.
• Unit 13.7 •))

1) Russian is the most difficult language I've ever studied. (by far)
   ロシア語はこれまで私が勉強した中でもっとも難しい言語だ。
   ➡ Russian is by far the most difficult language I've ever studied.
   ロシア語はこれまで私が勉強した中でずば抜けてもっとも難しい言語だ。

2) That's the oldest mural in the world. (very)
   それは世界でもっとも古い壁画だ。
   ➡ That's the very oldest mural in the world.
   それは世界でまさにもっとも古い壁画だ。

3) He's the most famous calligrapher in Japan. (by far)
   彼は日本でもっとも有名な書道家だ。
   ➡ He's by far the most famous calligrapher in Japan.
   彼は日本でずば抜けてもっとも有名な書道家だ。

4) This is the best picture in the photo competition. (very)
   これはその写真コンテストで一番よい写真だ。
   ➡ This is the very best picture in the photo competition.
   これはその写真コンテストでまさに一番よい写真だ。

5) She's the greatest architect in Finland. (by far)
   彼女はフィンランドでもっともすぐれた建築家だ。
   ➡ She's by far the greatest architect in Finland.
   彼女はフィンランドでずば抜けてもっともすぐれた建築家だ。

13.8 序数詞+最上級 ···

「～番目に」という意味を表す場合は、the の後ろに**序数詞**を置きます。

> Kitadake is the second highest mountain in Japan.
> 北岳は日本で二番目に高い山だ。

One-Step Drill 🔁

聞こえてくる最上級の文を、続いて聞こえてくる序数詞を使って〈the ＋序数詞＋最上級〉の文に言い換えましょう。

((• Track No. Unit 13.8 •))

1） It was the highest golf score for me. (second)
それは私にとってもっともよいゴルフのスコアだった。
　➡　It was the second highest golf score for me.
　　　それは私にとって二番目によいゴルフのスコアだった。

2） She's the youngest Oscar winner. (third)
彼女はもっとも若いオスカー受賞者だ。
　➡　She's the third youngest Oscar winner.
　　　彼女は三番目に若いオスカー受賞者だ。

3） It's the largest prefecture in Japan. (fifth)
それは日本でもっとも大きい県だ。
　➡　It's the fifth largest prefecture in Japan.
　　　それは日本で五番目に大きい県だ。

4） It's the deepest lake in the world. (fourth)
それは世界でもっとも深い湖だ。
　➡　It's the fourth deepest lake in the world.
　　　それは世界で四番目に深い湖だ。

5） It's the biggest flagship store in Spain. (second)
それはスペインでもっとも大きい旗艦店だ。

→ It's the second biggest flagship store in Spain.
それはスペインで二番目に大きい旗艦店だ。

13.9 the least ＋形容詞［副詞］ ································

「もっとも～でない」という意味を表す場合は、〈the least ＋形容詞［副詞］〉にします。ふつうの最上級なら -est をつける形容詞も、すべて〈the least ＋形容詞〉となります。

Mathematics is the least interesting subject for me.
私には数学がもっともおもしろくない教科だ。

One-Step Drill ⤵

聞こえてくる文を、指示に従って「もっとも～でない」という意味の最上級の文に言い換えましょう。

((• Track No.
Unit 13.9 •))

1）He often sees horror movies. (change)
彼はよくホラー映画をみる。

→ He sees horror movies the least often.
彼はホラーをもっともよく見ない（もっとも見る頻度が少ない映画がホラー映画だ）。

2）It's an important problem. (change)
それは重要な問題だ。

→ It's the least important problem.
それはもっとも重要でない問題だ。

3）He grades leniently. (change)
彼は甘い採点をする。

→ He grades the least leniently.
彼はもっとも甘くない採点をする。

4） That area is prone to earthquakes. (change)
　　その地域は地震が起こりやすい。
　➡　That area is the least prone to earthquakes.
　　　その地域はもっとも地震が起こりにくい。

5） She's likely to be late for the meeting. (change)
　　彼女は会議に遅れそうだ。
　➡　She's the least likely to be late for the meeting.
　　　彼女はもっとも会議に遅れそうにない。

13.10　グループを指す最上級 ………………………………………

　最上級は本来「たった1人［1つ］」を指すものですが、ときにグループを指すことがあります。

　　They're the best players on our team.
　　彼らはチームでもっともよい選手たちだ。

　〈one of the ＋最上級＋複数名詞〉という形でよく使われます「もっとも〜な中の1人［1つ］」という意味です。名詞を**複数形**にすることを忘れないでください。

　　He's one of the best players on our team.
　　彼はチームでもっともよい選手のひとりだ。

One-Step Drill

　聞こえてくる文を、続いて聞こえてくる語をSにして〈one of the ＋最上級＋複数名詞〉を使った文に言い換えましょう。

Track No.
Unit
13.10

1）　These are the most difficult books I've ever read. (This)
これらは私がこれまでに読んだ中でもっとも難しい本だ。

→　This is one of the most difficult books I've ever read.
これは私がこれまでに読んだ中でもっとも難しい本のひとつだ。

2）　They're the nicest people I've ever met. (Mr. Chen)
彼らは私がこれまでに会った中でもっとも素敵な人々だ。

→　Mr. Chen is one of the nicest people I've ever met.
チェンさんは私がこれまでに会った中でもっとも素敵な人のひとりだ。

3）　They're the best experiences I've ever had. (It)
それらは私がこれまでに経験した中でもっともすばらしいものだ。

→　It's one of the best experiences I've ever had.
それは私がこれまでに経験した中でもっともすばらしいもののひとつだ。

4）　These are the best electronic gadgets I've ever used. (This)
これらは私がこれまでに使った中でもっともよい電子機器だ。

→　This is one of the best electronic gadgets I've ever used.
これは私がこれまでに使った中でもっともよい電子機器のひとつだ。

5）　Those are the most unforgettable experiences I've ever had. (That)
それらは私がこれまでに経験した中でもっとも忘れがたいものだ。

→　That's one of the most unforgettable experiences I've ever had.
それは私がこれまでに経験した中でもっとも忘れがたいもののひとつだ。

13.11　原級構文による最上級表現 ……………………………………

13.11.1　原級構文による最上級表現（1）

原級構文で最上級の意味を表すことができます。

No student in the class is as [so] tall as Yuji.
クラスのどの生徒もユウジほど背が高くない。

Two-Step Drill

聞こえてくる最上級の文を、指示に従って原級構文で言い換えましょう。否定語の後ろでも、最初は〈as ＋形容詞［副詞］〉のまま、最後に〈so ＋形容詞［副詞］〉で言いましょう。原級比較の2つ目の as は前置詞として使います。

Track No.
Unit
13.11

1） Tokyo is the largest city in Japan. (No city in Japan)
　　東京は日本でもっとも大きい都市だ。
　　➡　No city in Japan is as large as Tokyo. (so large)
　　　　日本のどの都市も東京ほど大きくない。
　　➡　No city in Japan is so large as Tokyo.

2） The earth is the most beautiful planet. (No planet)
　　地球はもっとも美しい惑星だ。
　　➡　No planet is as beautiful as the earth. (so beautiful)
　　　　どの惑星も地球ほど美しくない。
　　➡　No planet is so beautiful as the earth.

3） Durian is the smelliest fruit. (No fruit)
　　ドリアンはもっとも臭いのきついフルーツだ。
　　➡　No fruit is as smelly as durian. (so smelly)
　　　　どのフルーツもドリアンほど臭いがきつくない。
　　➡　No fruit is so smelly as durian.

4) Shinjuku is the busiest station in Japan. (No station in Japan)
　新宿は日本でもっとも混雑している駅だ。
　　➡　No station in Japan is as busy as Shinjuku. (so busy)
　　　　日本のどの駅も新宿ほど混雑していない。
　　➡　No station in Japan is so busy as Shinjuku.

5) Clyde studies English the hardest in the class. (No student in the class)
　クライドはクラスで一番一生懸命英語を勉強する。
　　➡　No student in the class studies English as hard as Clyde. (so hard)
　　　　クラスの誰もクライドほど一生懸命英語を勉強しない。
　　➡　No student in the class studies English so hard as Clyde.

13.11.2　原級構文による最上級表現 (2)

　比較対象を特定の人やものとせず、漠然と広範囲の人やものを対象として「誰 (どれ) 以上に」と表現する場合、「人」なら〈No one / Nobody + as [so]...as〉、「もの」なら〈Nothing + as[so]...as〉となります。

> No one (Nobody) works as [so] hard as your son.
> あなたの息子ほどよく働く者はいない。

> Nothing is as [so] precious as love.
> 愛ほど尊いものはない。

Two-Step Drill 🎵🎵

　聞こえてくる最上級の文を、続いて聞こえてくるフレーズから始まる原級構文で言い換えましょう。否定語の後ろでも、最初は〈as +形容詞［副詞］〉のまま、最後に〈so +形容詞［副詞］〉で言いましょう。原級構文の 2 つ目の as は前置詞として使います。

Track No.
Unit
13.12

1) Mr. Howells is the richest in this town. (No one in this town)

ハウエルズさんはこの町でもっともお金持ちだ。

→ No one in this town is as rich as Mr. Howells. (so rich)

この町で誰もハウエルズさんほどお金持ちではない。

→ No one in this town is so rich as Mr. Howells.

2) Health is most important. (Nothing)

健康がもっとも重要だ。

→ Nothing is as important as health. (so important)

健康ほど重要なものはない。

→ Nothing is so important as health.

3) Raising children is most rewarding. (Nothing)

子育てはもっともやりがいがある。

→ Nothing is as rewarding as raising children. (so rewarding)

子育てほどやりがいがあることはない。

→ Nothing is so rewarding as raising children.

4) Nicola has the most knowledge about computer programming. (No one)

ニコラはコンピュータプログラミングに関するもっとも多くの知識を持っている。

→ No one has as much knowledge about computer programming as Nicola. (so much)

ニコラほどコンピュータプログラミングに関する多くの知識を持っている人はいない。

→ No one has so much knowledge about computer programming as Nicola.

5) Ms. Allen works the most efficiently in our office. (Nobody in our office)

アレンさんは私たちのオフィスでもっとも効率よく仕事をする。

➡ Nobody in our office works as efficiently as Ms. Allen. (so efficiently)
私たちのオフィスの誰もアレンさんほど効率よく仕事をする人はいない。

➡ Nobody in our office works so efficiently as Ms. Allen.

13.12 比較級構文による最上級表現

13.12.1 比較級構文による最上級表現(1)

比較級構文で最上級の意味を表すことができます。比較対象を特定の人やものとせず、漠然と広範囲の人やものを対象として「**誰(何)ほど〜な人(もの)はいない(ない)**」と表現する場合、「人」なら〈**No one / Nobody +比較級**〉、「もの」なら〈**Nothing +比較級**〉となります。

No one (Nobody) works harder than your son.
誰もあなたの息子以上によく働かない(あなたの息子以上によく働く者はいない)。

Nothing is more precious than love.
何も愛以上に尊くない(愛以上に尊いものはない)。

One-Step Drill

聞こえてくる最上級の文を、続いて聞こえてくるフレーズから始まる比較級構文で言い換えましょう。

Track No.
Unit
13.13

1) Mr. Howells is the richest in this town. (No one in this town)
ハウエルズさんはこの町でもっともお金持ちだ。

➡　No one in this town is richer than Mr. Howells.
この町では誰もハウエルズさん以上にお金持ちではない（この町で
ハウエルズさん以上のお金持ちはいない）。

2）　Health is most important. (Nothing)
健康がもっとも重要だ。

➡　Nothing is more important than health.
何も健康以上に重要ではない（健康以上に重要なものはない）。

3）　Raising children is most rewarding. (Nothing)
子育てはもっともやりがいがある。

➡　Nothing is more rewarding than raising children.
何も子育て以上にやりがいがあることはない。

4）　Nicola has the most knowledge about computer programming. (No one)
ニコラはコンピュータプログラミングに関するもっとも多くの知識を持っている。

➡　No one has more knowledge about computer programming than Nicola.
誰もニコラ以上にコンピュータプログラミングに関する知識を持っている人はいない。

5）　Ms. Allen works the most efficiently in our office. (Nobody in our office)
アレンさんは私たちのオフィスでもっとも効率よく仕事をする。

➡　Nobody in our office works more efficiently than Ms. Allen.
私たちのオフィスの誰もアレンさん以上に効率よく仕事をしない。

13.12.2 比較級構文による最上級表現 (2)

　具体的な比較対象がある場合、〈比較級+ any other +単数名詞〉または〈比較級+ all the other +複数名詞〉の形で表現します。

> Your son works harder than any other employee.
> あなたの息子は他のどの従業員よりよく働く。
> Your son works harder than all the other employees.
> あなたの息子は他のすべての従業員よりよく働く。

Two-Step Drill

　聞こえてくる最上級の文を、指示に従って〈比較級+ any other +単数名詞〉、さらに〈比較級+ all the other +複数名詞〉で言い換えましょう。

Track No.
Unit
13.14

1) This is the most energy-efficient car. (any other car)
　これはもっとも燃費がいい車だ。
　➡ This is more energy-efficient than any other car. (all)
　　これは他のどの車より燃費がいい。
　➡ This is more energy-efficient than all the other cars.
　　これは他のすべての車より燃費がいい。

2) Mt. Everest is the highest mountain in the world. (any other mountain)
　エベレストは世界でもっとも高い山だ。
　➡ Mt. Everest is higher than any other mountain in the world. (all)
　　エベレストは世界の他のどんな山より高い。
　➡ Mt. Everest is higher than all the other mountains in the world.
　　エベレストは世界の他のすべての山より高い。

3) Ms. Allen is the most efficient employee in our office. (any other employee)

アレンさんは私たちのオフィスでもっとも能力のある従業員だ。

➡ Ms. Allen is more efficient than any other employee in our office. (all)

アレンさんは私たちのオフィスで他のどの従業員より能力がある。

➡ Ms. Allen is more efficient than all the other employees in our office.

アレンさんは私たちのオフィスで他のすべての従業員より能力がある。

4) That's the most promising proposal we've seen so far. (any other proposal)

それは私が今まで見た中でもっとも見込みのある提案だ。

➡ That's more promising than any other proposal we've seen so far. (all)

それは私が今まで見た他のどの提案より見込みがある。

➡ That's more promising than all the other proposals we've seen so far.

それは私が今まで見た他のすべての提案より見込みがある。

5) This is the most durable wallpaper in the lineup. (any other wallpaper)

これはラインナップの中でもっとも耐久性が高い壁紙だ。

➡ This is more durable than any other wallpaper in the lineup. (all)

これはラインナップの中の他のどの壁紙より耐久性が高い。

➡ This is more durable than all the other wallpapers in the lineup.

これはラインナップの中の他のすべての壁紙より耐久性が高い。

13.12.3 比較級構文による最上級表現（3）

比較対象を特定の人やものとせず、漠然と、あるいは誇張して「**誰（何）以上に〜な人（もの）はいない（ない）**」と表現する場合、人であれば〈**比較級＋ than anyone else / anybody else**〉、ものや事柄であれば〈**比較級＋ than anything else**〉を使います。

> He's the strongest of all.
> 彼がもっとも強い。
> He's stronger than anyone [anybody] else.
> 彼は他の誰よりも強い。
>
> Love is the most precious of all.
> 愛がもっとも貴重だ。
> Love is more precious than anything else.
> 愛は他の何よりも貴重だ。

One-Step Drill

聞こえてくる最上級の文を、指示に従って〈比較級＋ than anyone else / anybody else〉または〈比較級＋ than anything else〉で言い換えましょう。

(Track No.
Unit
13.15)

1) You're the smartest of all. (anyone else)
   あなたがもっとも頭がいい。
   ➡ You're smarter than anyone else.
      あなたは他の誰よりも頭がいい。

2) War is the most terrible of all. (anything else)
   戦争がもっともおぞましい。
   ➡ War is more terrible than anything else.
      戦争は他の何よりもおぞましい。

3)　Sam is the most conscientious of all. (anyone else)
　　　サムがもっとも義理堅い。

　　➡　Sam is more conscientious than anyone else.
　　　　サムは他の誰よりも義理堅い。

4)　He's the most stubborn of all. (anybody else)
　　　彼はもっとも頑固だ。

　　➡　He's more stubborn than anybody else.
　　　　彼は他の誰よりも頑固だ。

5)　Integrity is the most important of all. (anything else)
　　　誠実さはもっとも大事だ。

　　➡　Integrity is more important than anything else.
　　　　誠実さは他の何よりも大事だ。

Unit 14
倒置

　英文は S から始まりますが、場合によっては、その他の要素が文頭に出て、例外的な語順を取ることがあります。これを「**倒置**」と呼びます。倒置は、主に「**強調**」のために使われます。ただし、倒置文を作るには、**多くの場合、「対比」などの文脈が必要**です。

　ここでは、比較的文脈とは関係なく使われる**否定語による倒置**を学習します。ただし、倒置を使うと、少し堅くフォーマルな印象を与えます。そのことを踏まえながら、否定語による倒置を作る練習をしましょう。

14.1　否定語を含む文の倒置 ·······································

　否定語、あるいは**否定語を含む M や O** が文頭に出ると、疑問文の語順になります。

> <u>Never</u> does he speak ill of others.
> 彼は決して人の悪口を言わない。

> <u>In no way</u> can we allow such behavior.
> 私たちは決してそのような行動を許すことはできない。

> <u>On no account</u> must these documents be made known to the public.
> これらの文書の存在を知られてはならない。

> <u>Under no circumstances</u> will he be allowed to come back.
> いかなる状況下でも彼が戻ってくることを許されることはないだろう。

<u>Not until he pointed it out to me</u> did I notice my mistake.
彼が指摘してくれてはじめて、私は自分の間違いに気がついた（彼が指摘してくれるまで、私は自分の間違いに気がつかなかった）。

only（〜しかない）も否定的な意味を持つので、倒置が起こります。

<u>Only through sickness</u> do we appreciate our health.
病気を通してはじめて健康のありがたみがわかる。

　準否定（部分否定）の副詞も倒置を起こします。準否定には「程度の低さ」（動作の余裕のなさ）を示すものと「頻度の低さ」（回数の少なさ）を示すものの2つの種類があります。

hardly / scarcely
程度の低さ（ほとんど〜ない）
※ hardly ever / scarcely ever は頻度の低さ（めったに〜ない）を表します。

rarely / seldom
頻度の低さ（めったに〜ない）
※程度の低さ（ほとんど〜ない）を表すことはできません。

<u>Seldom</u> do they hire an employee without an MBA.
彼らは MBA（経営学修士）を持たない労働者をめったに雇用しない。

　注意すべき副詞に **barely** があります。これは「**かろうじて〜である／かろうじて〜する**」という意味で、マイナスイメージの hardly / scarcely とは逆に、プラスのイメージを持っています。プラスイメージであるにもかかわらず、文頭に置かれたら、hardly / scarcely 同様、倒置を起こすので覚えておきましょう。

<u>Barely</u> was he able to speak.
かろうじて彼は話すことができた。

One-Step Drill 🔁

聞こえてくる文を、続いて聞こえてくる否定語や否定語を含む句・節を文頭に出し、倒置文に変えましょう。

🔊 Track No.
Unit 14.1 🔊

1) I seldom have a chance to talk to her. (Seldom)
   私はめったに彼女と話す機会がない。

   ➡ Seldom do I have a chance to talk to her.

2) I never dreamed that I could win the first prize. (Never)
   私が1位をとれるなんかまったく夢にも思わなかった。

   ➡ Never did I dream that I could win the first prize.

3) He spoke not a single word during the meeting. (Not a single word)
   彼は会議の間ひとことも話さなかった。

   ➡ Not a single word did he speak during the meeting.

4) Mr. O'Neil didn't only encourage me but also offered financial help. (Not only)
   オニールさんは私を励ましただけではなく、経済援助まで申し出てくれた。

   ➡ Not only did Mr. O'Neil encourage me but also offered financial help.

5) We don't appreciate our health until we get sick. (Not until we get sick)
   病気になるまで私たちは健康に感謝しない（病気になってはじめて私たちは健康に感謝する）。

   ➡ Not until we get sick do we appreciate our health.

14.2　hardly / scarcely / no sooner ·······························

as soon as（〜**するやいなや**）を次のように表現することができます。

> As soon as we left home, it started to rain.
> 私たちが家を出るやいなや、雨が降り始めた。
> ＝　We had hardly [scarcely] left home when [before] it started to rain.

「雨が降り始めたとき（雨が降り始める前）には、まだかろうじて家を出ていなかった」という意味で、ほとんど時差がなかったことを示しています。主節が過去完了になっているのは、もちろん完了の意味を出すためです。

　さらにこれを次のように言い換えることができます。ただし、これはやや堅くフォーマルな表現です。

> We had no sooner left home than it started to rain.

　Unit 12（12.6.4）で学んだ比較級構文です。no の働きに注意しましょう。「家を出たとき」と「雨が降り始めたとき」の「早さ」の「差」をゼロ（この場合は同時）にしています。主節が過去完了になっているのは、やはり「〜していなかった」という完了の意味を出すためです。
　また、hardly / scarcely / no sooner を文頭に置いて倒置にすることができますが、やはり堅くフォーマルな印象を与えます。

> **Hardly [Scarcely]** had we left home when [before] it started to rain.
> **No sooner** had we left home than it started to rain.

　倒置するしないにかかわらず、〈hardly [scarcely]...when〉や〈no sooner...than〉は、予期せぬことや通常ないことが起こったときに使います。その点で、**常に as soon as と言い換えられるわけではないことに注意**してください。

Four-Step Drill ⤴ ⤴ ⤴ ⤴

聞こえてくる文を、続いて聞こえてくる語句から始まる倒置文に言い換えましょう。主語が人称代名詞の場合、過去完了は短縮形（I'd / we'd / you'd / he'd / she'd / they'd）にします。hardly / scarcely を使う際の接続詞は、ここでは when とします（必ず自分で before でも言えるようにしておきましょう）。

Track No. Unit 14.2

1）As soon as I got into bed, I fell asleep. (I'd hardly)
　　ベッドに入るやいなや、私は眠りに落ちた。
　　➡　I'd hardly gotten into bed when I fell asleep. (I'd no sooner)
　　➡　I'd no sooner gotten into bed than I fell asleep. (No sooner)
　　➡　No sooner had I gotten into bed than I fell asleep. (Hardly)
　　➡　Hardly had I gotten into bed when I fell asleep.

2）As soon as he finished his speech, thunderous applause arose from the audience. (He'd scarcely)
　　彼がスピーチを終えるやいなや、聴衆から万雷の拍手が起こった。
　　➡　He'd scarcely finished his speech when thunderous applause arose from the audience. (He'd no sooner)
　　➡　He'd no sooner finished his speech than thunderous applause arose from the audience. (No sooner)
　　➡　No sooner had he finished his speech than thunderous applause arose from the audience. (Scarcely)
　　➡　Scarcely had he finished his speech when thunderous applause arose from the audience.

3）As soon as I closed the door, my phone rang. (I'd hardly)
　　私がドアを閉めるなり、電話が鳴った。
　　➡　I'd hardly closed the door when my phone rang. (I'd no sooner)
　　➡　I'd no sooner closed the door than my phone rang. (No sooner)
　　➡　No sooner had I closed the door than my phone rang. (Hardly)
　　➡　Hardly had I closed the door when my phone rang.

4) As soon as she read the acceptance letter, she burst into tears. (She'd scarcely)

彼女は採用通知を読むやいなや、泣き出した。

➡ She'd scarcely read the acceptance letter when she burst into tears. (She'd no sooner)

➡ She'd no sooner read the acceptance letter than she burst into tears. (No sooner)

➡ No sooner had she read the acceptance letter than she burst into tears. (Scarcely)

➡ Scarcely had she read the acceptance letter when she burst into tears.

5) As soon as he stepped outside, it started pouring down. (He'd hardly)

彼が外に出るやいなや、どしゃ降りになった。

➡ He'd hardly stepped outside when it started pouring down. (He'd no sooner)

➡ He'd no sooner stepped outside than it started pouring down. (No sooner)

➡ No sooner had he stepped outside than it started pouring down. (Hardly)

➡ Hardly had he stepped outside when it started pouring down.

14.3 その他の倒置

　肯定文に対して「〜もそうだ」と同意する場合は〈So +疑問文の語順〉、否定文に対して「〜もそうではない」と同意する場合は〈Neither [Nor] +疑問文の語順〉の倒置形を使います。S で止めるのがふつうです。

I'm starving.
おなかがペコペコです。
So am I.
私もです。

I haven't been to Finland.

私はフィンランドには行ったことがありません。

Neither [Nor] have I.

私もありません。

「私もです」という日本語に引っ張られて、たとえば "I love you." に対して "So do I." と言うと、"So do I love myself."（私も自分のことが好きです）という意味になってしまいます。この場合は "I love you, too." と言うべきで、同意文を S で止めるときには、そのあとにどんな省略が起こるのかを常に意識していなければなりません。くれぐれも、日本語訳の丸暗記にならないよう、注意しましょう。

One-Step Drill ↻

聞こえてくる文に、続いて聞こえてくる語句を S にして、「〜もです／〜もそうではありません」と同意してみましょう。否定の同意文は、ここでは neither を使います（必ず自分で nor でも言えるようにしておきましょう）。

((• Track No.
Unit 14.3 •))

1）I have a sweet tooth. (my mother)

　私は甘いものには目がない。

➡ So does my mother.

　　母もです。

2）Ken didn't attend the meeting yesterday. (Naomi)

　ケンは昨日のミーティングには出席しなかった。

➡ Neither did Naomi.

　　ナオミもです。

3）I wasn't selected for the baseball team (I)

　私はその野球チームに選抜されなかった。

➡ Neither was I.

　　私もです。

4) I should cut more carbs from my diet. (I)

私は食事から炭水化物をもっと減らさないといけない。

➡ So should I.

私もです。

5) He doesn't want to wear a Halloween costume. (we)

彼はハロウィーンのコスチュームを着たがらない。

➡ Neither do we.

私たちもです。

［著者紹介］

横山雅彦（よこやま・まさひこ）

1964 年兵庫県生まれ。京都外国語大学外国語学部英米語学科卒業。東京外国語大学大学院地域文化研究科博士前期課程修了。現在、関西国際大学国際コミュニケーション学部教授。専門は、地域研究（アメリカ）、英語コミュニケーション論、身体論。著書に、『高校生のための論理思考トレーニング』『「超」入門！ 論理トレーニング』（ちくま新書）、『大学受験に強くなる教養講座』『完全独学！ 無敵の英語勉強法』『英語バカのすすめ――私はこうして英語を学んだ』（ちくまプリマー新書）などがある。糸東流空手道師範八段。

中村佐知子（なかむら・さちこ）

1975 年大阪府生まれ。神戸市外国語大学外国語学部国際関係学科卒業。2005 年から 2017 年まで、ECC 外語学院に英会話講師として勤務。主に全日制英会話専科で、スピーキング・リスニング指導やスピーチ・プレゼンテーション指導に従事。さらに教務トレーナーとして講師研修、指導マニュアルの作成などに当たる。2017 年、Temple University Japan Campus TESOL 修士課程修了。現在は、東北大学高度教養教育・学生支援機構講師。

スピーキングのためのやりなおし英文法スーパードリル

英語のハノン　中級

2021 年 12 月 10 日　初版第一刷発行
2024 年 8 月 5 日　初版第九刷発行

著　者	横山雅彦
	中村佐知子
英文校閲	マイケル・モリソン
装幀・デザイン	永松大剛
発行者	増田健史
発行所	株式会社筑摩書房
	〒 111-8755　東京都台東区蔵前 2-5-3
	電話　03-5687-2601（代表）
印刷・製本	中央精版印刷株式会社

ISBN 978-4-480-81685-6 C0082 Printed in Japan
©Yokoyama Masahiko and Nakamura Sachiko 2021

「私はその赤い靴が買いたい。」

➡ I want to buy the red shoes.

なら英語でもすぐ言えるけど

「私は父にその赤い靴を（私に）買って欲しい。」

➡ I want my father to buy me the red shoes.

は、考えながらじゃないと言えない。

こうしたことを解決する本でもあります。

〈シリーズ好評既刊〉

スピーキングのための
やりなおし英文法スーパードリル

英語のハノン 初級

横山雅彦・中村佐知子 著

スピーキングのための
やりなおし英文法
スーパードリル

英語の
ハノン

初級

横山雅彦
＆
中村佐知子

ほしたい人のための、
待望の
ドリル！

ピアノの教則本
「ハノン」の名に由来、
英語を自然に話す力がつく学習法
それが「英語のハノン」だ！

机上の英文法を、使える英語に高める
ための 究極パターン・プラクティス

643！

定価1986円（10%税込）　筑摩書房

学校で学んだ英文法の基礎を総ざらい。その上で、机上の英文法を、使える英語に高めるための究極パターン・プラクティス！ピアノ教則本「ハノン」の名にちなみ、英語を自然に話すことを可能にするドリル満載。

ISBN: 978-4-480-81582-8

〈ちくま新書〉

高校生のための論理思考トレーニング　横山雅彦

日本人は議論下手。なぜなら「論理」とは「英語の」思考様式だから。日米の言語比較から、その背後の「心の習慣」を見直し、英語のロジックを日本語に応用する。2色刷。

〈ちくま新書〉

「超」入門！論理トレーニング　横山雅彦

「伝えたいことをうまく伝えられない」のはなぜか？　日本語をロジカルに運用し、論理思考をコミュニケーションとして使いこなすためのコツを伝授！

〈ちくまプリマー新書〉

大学受験に強くなる教養講座　横山雅彦

英語・現代文・小論文は三位一体である。本書では、それら入試問題に共通する「現代」を六つの角度から考察することで、読解の知的バックグラウンド構築を目指す。

〈ちくまプリマー新書〉

完全独学！無敵の英語勉強法　横山雅彦

受験英語ほど使える英語はない！「ロジカル・リーディング」を修得すれば、どんな英文も読めて、ネイティブとも渡り合えるようになる。独学英語勉強法の決定版。

〈ちくまプリマー新書〉

英語バカのすすめ　横山雅彦
私はこうして英語を学んだ

本気で英語力を身につけたいのなら、全身全霊を傾け、「英語バカ」になることだ。自称「英語バカ」の著者の学びの足跡を追い「学ぶ方法」と「学ぶ意味」を考える。